JN439181

계간문예수필선 120

관조觀照는 지혜의 길

문종환 수필집

계간문예

| 서문序文 |

40년간 섬유수출 외길에 매달려오다가 환갑 나이에 이르러 제2의 인생을 고교시절 좋아하던 문학의 길로 접어들기로 결심을 하고 시와 수필을 읽고 쓰고 해 온 지 어느새 23년 세월이 흘러갔다. 그 짧지 않은 세월에 작년까지 시집 6권(총1809편)에다 수필집 1권(43편)을 출간하고 이제 또 제2,3수필집(161편)도 출간할 준비를 마무리하고 저 무서운 코로나사태가 종식終熄되기만을 기다리고 있다. 아마도 나의 문학에 대한 열정은 이 수필집 출판으로 후회 없는 막을 내릴지도 모르겠다. 이 나이까지 문학과 함께 나눈 애증愛憎의 행복만 해도 더 이상 바랄 게 없기 때문이다. 나는 문학을 사랑했다. 때로는 서로 미워도 하고 몇 번이고 결별을 하려고도 했지만 그것은 잠시뿐 또다시 우리는 서로 한 몸 되어 애증의 굴레를 벗어나지 못하고 짧지 않은 그 세월을 함께 행복했다.

지금 내 책상 위에서 흡족한 내 눈길을 받고 있는 이 6권의 시집들과 3권의 수필집들이야말로 고마운 문학의 여신이 나에게 담아준 나의 인생의 주름에 접혀진 꽃잎들이다. 환갑 나이 되어 더 이상의 재물에 대한 욕심을 과감히 떨쳐버리고 제2의 문학과의 인생길로 접어들었기에 이러한 작품집을 대견스레 쓰다듬고 있는 걸 생각하면 얼마나 현명한 결단이었나 하고 새삼 느끼고는 한다.

나의 서재 책장 속에는 내 나이 40대 초반부터 하루도 거르는 날 없이 써넣은 일기장들이 진열되어있다. 이 일기장들이야말로 나로 하여금 늦깎이 문인이 되는 데 큰 힘이 되어 주었다. 이 일기장에는 나의 지금까지의 인생역정이 고스란히 들어있다. 이러한 사연들이 나의 소중한 소재가 되어 나의 23년 문학의 꽃밭인 나의 시집과 수필집에 담겨져 내 품에 안겨준 것이다.

작년에도 나의 일기장에서 내가 써 놓고도 잊어버리고 있었던 시들을 발견하여 제4,5,6시집을 한꺼번에 출판하여 크리스마스 날 아침에 도착하여 몇 몇 친지들에게나 나누어주고 아직도 집 창고에 쌓아두고 금년에는 친지들에게 나누어 주며 유유자적 농장에나 다니려던 참이었는데 느닷없이 찾아든 저 무서운 코로나19가 나로 하여금 두문불출 신세로 만들었다.

그리하여 저 무서운 코로나19로 인한 공포와 스트레스를 풀 겸 일기장을 들추어보며 나의 지난날로 추억의 여행이나 하려 했는데 이번에는 시가 아니라 수필들을 눈에 띄게 하여 준 것이다.

이 수필들이 눈에 띈 나의 2007년 일기장 새해 첫날 서두序頭에는 〈내가 6년 전 제2의 인생을 문학의 길로 접어들면서 6년만인 작년에 나의 첫 시집 〈인생의 주름에 접혀진 꽃잎들-318편〉을 출판했으니 금년도 한해에는 하루에 한 편씩의 수필을 써서 수필집도 내야하겠다〉 라고 씌어있었다.

그리고 그 스스로의 약속을 이행하기 위한 부단한 노력을 이행하여 나가는 모습이 대견하고 측은하게 여겨져 결국 나의 마지막 출판으로 햇볕이라도 쐬어주기로 결정을 하고 수정 작업으로 돌입하게 된 것이다.

이제 이 수필집 두 권도 출판 준비가 완료 되었으니 작년 2019년 12월 25일 크리스마스 날 아침에 도착하여 창고에서 코로나 종식을 기다리고 있는 나의 3권의 시집 제4,5,6집들을 오랜만에 찾아가 쓰다듬어 주며 조금만 더 기다리자고 위로의 말이라도 던져 줘야하겠다.

2021년 7월

서울 노원구 상계로 108(상계동)우거에서

문 종 환

관조觀照는 지혜의 길

■ 문종환文宗煥

1938년 1월 31일생
경기도 양평군 옥천면 신복리 24번지 출생
1958년 3월 휘문중고등학교 졸업
1964년 3월 연세대 상경대학 상학과 졸업
1964년 3월 삼호무역주식회사 입사
1967년 동진공업사 대표
1975년 선일무역주식회사 대표이사
1979년 대한염직무역부 부사장
1984년 유텍스 인터내셔널 대표
2010년 효봉무역주식회사 대표이사 역임

현) 한국문인협회, 국제펜한국본부 회원
노원문인협회 고문, 한맥문학작가회 이사, 계간문예작가회 이사

현주소: 서울 노원구 상계로108(상계2동)

■ 저서著書

제1시집 『인생의 주름에 접혀진 꽃잎들』(318편)
제2시집 『지족知足』(시339편)
제3시집 『어머님의 창과 시 속에 잠재운 아내와 나의 시골농장』
(시335편)
제4시집 『방황彷徨의 노래』(시273편)
제5시집 『화안한 웃음』(시268편)
제6시집 『좌절의 길목마다 심어준 시詩의 꽃씨들』(시276편)
제1수필집 『인연이 꽃피는 나무들』(수필43편)
제2수필집 『테라스의 화단과 텃밭』(수필80편)
제3수필집 『관조觀照는 지혜의 길』(수필81편)
족보 『남평문씨 헌납공파 휘응태계세보南平文氏獻納公波揮應台系世譜』
공저共著 『수락산의 노래』(노원 칠문회사화집1)

■ 수상受賞

고교2년 전국 학도호국단 주최 시부문 고등부 1등 당선 문교부장관상
노원문학상, 계간문예작가상

표지삽화 준(June) 미술학원 원장 문희준文熙駿
서울 노원구 상계로108 (상계2동) 효봉빌딩 4층

| 차례 |

2부

한복집

3부
새소리

4부
관조觀照는 지혜의 길

5부

농다치고개 천수답

6부

글을 쓰는 이유

1부

농막 뒤꼍 도랑물소리

꽃샘 함박눈

창밖에는 어지럽게 함박눈이 춤추며 내리고 있다. 3월로 접어든지 며칠 되었으니 이제 영상의 기온이 될 때도 되었는데 아침기온이 영하5도를 가리키더니 이 한낮기온도 영하에 가깝기에 저 눈이 날리고 있는 게 분명하다. 영상의 기온이라면 봄비로 부슬부슬 내릴 것인데 때 아닌 함박눈으로 창밖으로 내다보이던 수락산이며 불암산은 그 모습을 감추었고 테라스 화단과 텃밭에도 그새 제법 많은 흰 눈으로 덮여가고 있다. 설마하니 저렇듯 부드럽고 조용하고 포근하게 내리는 함박눈도 꽃들 몽우리지어 꽃 피우는 게 샘이나 심술부리는 건 아니겠지. 함박눈내리면 지난날 아름답던 추억들 불러주는 저 사랑받는 포근한 함박눈이 설마 사랑받던 제자리를 꽃들에게 뺏기는 게 아쉬워 심술이라도 부릴 리는 결코 만무할 테니 말이다.

하기야 겨우내 추위에 웅크리고 지내던 사람들이 따뜻한 꽃피는 봄을 기다리느라 꽃샘추위를 싫어한다는 것은 인지상정이라 할 수 있겠지만 자연의 위대한 섭리는 그 어느 변화에도 어느 정도 고통을 따르게 하여 저 어지러이 날리는 눈발과 꽃샘추위로 하여금 돋아나는 새싹과 꽃 몽우리에게 더 강한 힘을 주려는 의도인 것을 그 누구인들 모르겠냐.

오늘 조간신문에는 봄을 기다리는 성급한 독자들의 마음을 헤아려서인지 〈꽃들의 짝짓기〉 라는 제목의 글을 실어주었다. 사람들은 꽃을 대할 때 〈아름답다! 향기롭다!〉 라는 감탄사로 찬미하지만 식물들의 입장에서는 꽃 피우는 일이 그들 종족의 번식을 위한 전력투구일 뿐이라는 것이다. 꽃들은 색깔로, 향기로, 때로는 악취로 그리고 달콤한 꿀로 꽃가루 옮겨줄 곤충을 유혹하느라 사람들의 찬미에는 관심 줄 여유가 없다는 것이다. 한 가지 꽃들이 인간들에게 찬탄을 받게 한 조물주의 의도가 모든 꽃들은 꽃씨의 엄마는 알 수 있지만 아빠는 나비인지 벌인지 바람인지 누군지를 모르게 한 실수로 인한 결과라는 것이다.

하지만 꽃들의 사정은 그러하다 치더라도 꽃이 없으면 이 세상 얼마나 삭막할 것인가. 꽃이 피는 것이 그들 종족의 번식을 위한 것이긴 하지만 우리인간이 꽃을 사랑하는 것은 신으로부터의 가장 행복한 선물인 것이다. 봄이 오기도 전부터 봄을 기다리는 것은 봄에 피는 꽃을 그리워함이 아닐까.

인간도 꽃피는 식물들과 다름이 없지 않은가. 남자는 태어난 아가부터 소년시절 지나 청년시절 되면 젊음의 꽃피워 벌 나비 꽃 되고 여자는 태어난 아가부터 소녀시절 지나 처녀시절 되면 젊음의 꽃피워 서로 그리워하며 짝을 찾아 결혼하여 또 아가들 태어나게 하고 그 아가들 가르치고 키워 또 제짝들 찾으면 서서히 꽃잎들처럼 져 가듯이 인간이나 식물이나 다 똑같지 아니한가 말이다.

아! 추호의 오차도 용납지 않는 위대한 우주의 섭리여! 아주 사소한 인간 개개인의 행위는 물론 하찮은 미생물 그리고 동식물의 숨소리까지 놓치지 않고 그리고 저 바위의 내면까지 외면하지 않는 인프라망의 위대함이여! 오늘 내려주는 저 꽃샘 함박눈인들 어찌 그 깊은 뜻이 없겠는가.

농막의 눈 소식

백 년 만의 폭설로 고속도로 진입이 금지되다니! 티브이가 보여주는 전국토가 때아닌 3월에 설국을 이루고 있다. 하늘에서 내려다 보여주는 산이며 들이며 가옥이며 모두가 온통 백설뿐이다. 때아닌 낭만의 설경이긴 하지만 한편 농가의 피해가 엄청나다고 한다.

나도 조그마한 농장이긴 하지만 하도 궁금해 농장관리인 전 노인에게 전화를 건다. 기다렸다는 듯이 전 노인이 전화를 받는다.

〈뭐하세요?〉

〈눈이 많이 내려 비닐하우스가 무너졌어요. 고라니가 내려와 시금치를 다 뜯어먹기에 비닐로 덮어주었더니 어제내린 25센티 눈에 무너져 내렸어요. 그래서 다시 세워주고 있어요〉

〈농막은 괜찮은가요? 강아지 집은 어떻고요?〉

〈네 다른 건 별 일 없습니다〉

전화기를 통해 간단히 이야기를 나누면서도 내 눈앞에는 농장의 설경이 펼쳐진다. 뒷산과 내려뻗은 좌우산은 온통 눈으로 눈꽃을 이루고 있고 저 아래 남한강 줄기만이 푸른빛을 엷게 띄우고 흐르고 있을 것이고 그 강변 위쪽으로 쭉 펼쳐지는 논과 밭들과 오솔길은 모두 눈 담요를 덮고 있는 설경雪景이 펼쳐진다.

전 노인은 그래도 농막 앞 조그만 마당과 두 마리 강아지 집까지의 눈과 화장실까지 길 위의 눈만은 쓸었을 뿐 나이 80이 가까운 노인에게는 그 일만 하더라도 힘에 벅찼을 것이다. 전 노인은 지금 완전히 눈 속에 고립되어 혼자서 술 몇 잔 기울여가며 며칠 후 내려갈 우리 내외에게 보여주려 했던 비닐 속 시금치와 냉이들을 다시 살려보려 그 비닐하우스를 다시세우는 작업을 우선적으로 시작하고 있는 것이다.

전 노인은 며칠 전부터 과수들의 가지치기를 시작했으나 날씨가 갑자기 추어져서 그만두었다고 한다. 다음 월요일에는 추위가 풀린다고 티브이 일기예보에서 말해주고 있으니 날이 풀리는 대로 다시 계속하겠다고 한다. 다른 해 같으면 벌써 나와 아내가 내려가서 전 노인과 셋이서 가지치기를 끝냈을 터이지만 아내의 지속적인 통원치료와 또 건강이 걱정되어 무리한 일을 할 수 없어 가고 싶어도 못 가고 있어 전 노인 혼자서 그 일을 하고 있다.

아내에게 전 노인과의 통화 내용을 이야기 해주니 다음주 중날이 풀린다고 하니 꼭 가고 싶다 한다. 아내는 벌써 냉이와 시금치가 꽤나 궁금한 모양이다. 왜 아니 궁금하지 않겠는가! 바로 이 시금치는 작년가을 아내가 입원하여 수술받기 전에 손수 씨를 뿌려준 것이니! 눈 속 시금치들의 푸른 싹처럼 아내의 건강이 어서 빨리 쾌유되기를 빈다.

농막 뒤곁 도랑물소리

오늘은 여름 중 가장 더운 날이라는 대서大暑날이다. 그 이름값을 하려는지 금년 여름 들어 오늘이 가장 무더운 기온을 기록하고 있으며 섭씨 33도나 된다고 한다. 어제 밤에도 처음 찾아온 열대야로 밤잠을 설쳤고 수시로 샤워도 하고 선풍기에 의지하여 그나마 밤잠을 이어 갈 수 있었다. 이렇게 무더운 날이면 농막에 가서 며칠간이라도 쉬었다 왔으면 좋겠지만 막내아들이 인도 출장중이고 막내며느리도 아이 둘을 데리고 친정집에 가 있으니 집을 비우고 갈 수는 없고 하니 아무래도 다음 주 월요일에나 가서 며칠 쉬었다 오는 수밖에 없겠다.

무더운 여름을 지내는 방법도 나이에 따라 다른가 보다. 내 어린 시절 여름 방학 때면 시골 큰댁에 내려가 앞개울에서 물장구치고 놀았고 공부하던 청소년 시절에는 그저 집에서 등물 하는 걸로 족했고 직장 다니던 장년시절에는 주말이면 낚시터 찾아 밤샘 낚시 하는 걸로 피서를 했으며 자식들 방학이 되면 고향 근처 개울이나 청평호나 춘천호 등지로 가족과 함께 가서 더위 고생 실컷 하고 돌아와서는 그걸로 피서 잘 다녀온 걸로 행복했으나 이제 나이 많이 들어 자식들 다 출가해 보내고 나니 피서는 저들 가족끼리 가고 우리 두 내외만 집에 남아있게 마련인 것이다. 하기야 아들들이 함께 가자 하지만 사람들 북적이는 곳에 가기도 싫거니와 젊은 아들내외와 손자손녀들 따라가야 짐이나 될 것 같은 생각도 들어 그저 오늘처럼 이리도 무더운 날이면 농막 뒤꼍 도랑물이나 물탱크에 펑펑 쏟아져 넘치는 지하수 물줄기가 생각날 뿐이다.

하기야 농막과 함께 한 그 긴 세월 정인들 왜아니 들었겠는가. 비록 농막이라야 근처 선산에서 베어온 침엽수 통나무와 역시 그곳에서 퍼 온 진흙으로 경험도 없는 우리 내외와 전 노인 그리고 우리 네 아들들이 힘을 합쳐 지은 자그마한 농막이지만 우리 내외에게는 아주 소중한 추억들을 담아주고 있는 보물단지로 여겨지고 있는 것이다. 이 농장에서의 나의 노년시절은 나에게 시집6집에다가 수필집3집이나 되는 적지 않은 문학작품을 배출시켜준 현장이기도 한 것이다.

이 농막은 나무가 우거진 산자락에 자리 잡고 있어 그야말로 숲속의 집이라 불릴 수 있을 만큼 아무리 무더운 날이라도 청량하고 시원하며 뒤꼍의 조그만 샘물과 산에서 흘러내리는 계곡물이 합쳐 흐르는 도랑물 소리는 농막 안에 들어 누워있으려면 그 어느 바다나 강가의 파도소리나 여울물 소리보다도 더 정겹고 시원한 것이다.

하기야 농장에 내려가 쉰다는 것은 매우 어려운 일이기도 하다. 매일 그곳에서 살면서 농사를 지은다면 몰라도 주중 한두 번 가서 농사일을 한다는 건 비록 관리인 전 노인이 그곳에 상주하고는 있지만 우리내외 그곳에 가면 잠자는 밤이면 몰라도 전연 쉴 틈이라고는 없는 것이다. 과수원의 풀 뽑고 고추밭에 물주고 콩밭과 팥밭 김매주고 해도 해도 할 일은 남아있게 마련인 것이다.

그러나 그렇게 땀 흘리며 일하고 나서 지하수 찬 물탱크에 몸 담그고 물마시고 또 밤잠 자는 동안에는 농막 뒤꼍 시원한 도랑물 소리가 자장가로 들리니 이야말로 농사일과 피서 한꺼번에 받으니 일석이조一石二鳥가 아닌가!

칡 캐기

둘째아들은 벌써 산등성이에서 팔뚝만한 시커먼 칡넝쿨 밑동을 공략하고 있었다. 삽으로 낙엽과 흙을 파 경사 아래로 내리면서 호미로는 칡뿌리 주변 흙을 긁어내리고 톱과 전지가위로는 땅속의 다른 나무뿌리들과 주변의 성가신 나무들을 베어가면서 아주 능숙한 솜씨로 칡 캐기 작업에 열중하고 있었다. 둘이 함께 이 산등성이에 오르다가 나는 작년에 심어놓은 이 산자락 밑 매실나무들이 그간 어찌 되었는가 궁금해 일일이 점검하고 오느라 좀 늦게 도착 둘째가 작업하고 있는 오른편 골짜기에서 다른 칡넝쿨을 발견하고 칡 캐기 작업을 시작한다.

벌써 5년 이상 이른 봄이면 이곳 농막 뒷산에 올라 칡을 캐어 칡 술을 담그고 또 차를 끓여 마셔온 터이다. 이 칡 캐기는 년 중 빼놓을 수 없는 행사의 하나가 된 것이다. 이러한 연중 칡 캐기 행사는 나에게 술과 차를 제공하여주는 역할도 해주지만 또 다른 큰 의미를 나에게 주고 있는 것이니 그것은 바로 이곳 농막 뒷산의 여러 나무들을 무서운 칡의 횡포로부터 해방시켜야 한다는 나의 굳은 사명감 때문이기도 하다. 이곳 농막 뒷산에는 여러 종류나무들이 살고 있으니 잣나무, 소나무, 도토리나무, 밤나무들이다. 그런데 이 칡들의 생명력이 어찌나 강한지 나무들 밑동으로부터 나무 꼭대기까지 마치 구렁이처럼 기어올라 나무들의 숨통들을 조이는 것이다. 작년 가을만 해도 이곳에서 처음으로 도토리를 주울 수 있었던 것은 다시 살아난 도토리나무들이 나에게 그들을 살려준 은공을 도토리로 갚아 준 것이라 나는 굳게 믿고 있는 것이다.

칡의 생명력과 번식력은 대단하다. 이 남향받이 뒷산 일부에 지나지 않는 이곳 산비탈에서 거의 5년 이상을 한해 네다섯 뿌리를 캤는데도 아직도 남은 것이 앞으로 10년 이상은 캐야 완전 정복할 수 있는 정도이니 그간 50여 년간 이 산비탈은 칡들의 왕국으로 군림 해 온 것이니 다른 나무들의 고통은 얼마나 컸겠는가. 그 옛날 초근목피草根木皮로 목숨을 연명하던 시절엔 상상을 못했던 일이 아닌가. 오히려 서울 사람들이 와서 캤으면 캤지 농촌사람들은 밤나무 도토리나무 소나무들이 죽어가도 괘념치 않고 몸에 좋다는 칡 술이나 칡차에도 별로 관심을 주지 않는다.

드디어 둘째 아들이 3뿌리, 내가 2뿌리 칡을 캐들고 농막으로 내려간다. 오늘 모처럼 농장에 함께 내려온 아내는 농장관리인 전 노인과 감자와 강낭콩을 벌써 다 심어놓고 논두렁으로 내려가 돌미나리를 캐고 있다가 우리가 메고 들고 오는 팔뚝만한 칡뿌리를 보고는 하도 대견한지 함박웃음을 지어 보낸다.

이렇게 해서 오늘의 칡 캐기와 감자 강낭콩심기 작업은 끝을 맺었다. 아직도 쌀쌀한 날씨인데도 온몸은 땀으로 흠뻑 젖었다. 뒤곁 자두 술독에서 듬뿍 퍼온 자두술과 구워 먹는 삼겹살 맛이 이리도 좋을 수가 없다. 더욱이 아내가 논두렁에서 캐온 돌미나리를 고추장에 곁들이니 온 들판의 봄 향기가 물밀듯이 밀려든다.

농막의 봄

실로 오랜만에 찾아온 농장이다. 작년가을 농막 우측 산기슭 도토리나무 서너 그루 밑에서 벌겋게 떨어져 쌓여있는 도토리를 두어 말이나 정신없이 주워 모으며 소박한 기쁨에 들떠 노래까지 흥얼거리며 즐거워하던 그날 이후 갑작스런 아내의 입원이며 수술이며 통원치료며 크나큰 고통을 당하여 아내의 수발을 담당하느라 오지 못했던 나의 이 자그마한 농장, 오늘 거의 반년 만에 아내와 함께 찾아 온 것이다. 내일부터 또 네 번째 항암주사로 6일간 병원을 다녀와야 한다는 사실을 알고 있던 막내아들 내외가 손녀딸까지 데리고 자동차로 함께 와 주었으니 오랜만에 나의 농장은 반가운손님들을 맞이한 것이다. 더욱이 손녀딸의 재재거리는 소리에 봄은 이미 농장 안을 가득 채워주고 있다.

농막 아궁이에는 관리인 전 노인이 지피고 있는 장작불이 활활

타오르고 있고 무쇠 솥에서는 끓는 물이 하얀 김을 내뿜고 있다. 전 노인이 정성을 다하여 키우고 있는 두 마리 강아지는 주인인 우리 두 내외를 잊었는지 혹은 왜 이리도 오랫동안 코빼기도 안 비쳤느냐 심통이 났는지 꼬리를 치며 반기기는커녕 요란스레 짖어대기만 한다.

춘래불사춘春來不似春이라더니 계절의 봄은 찾아왔는데 아직 농장주변은 봄 같지 않게 쌀쌀하기만 하다. 농막 앞의 과수들은 아직도 벌거벗은 채 꽃샘추위에 떨고 서 있고 다만 산수유와 홍매실 청매실나무들만 흰 꽃망울과 발그스레한 꽃망울들을 온 가지 가득 매달고 우리일행을 반겨준다. 그러나 감성에 빠져있는 것은 잠시뿐 오랜만에 내려온 우리내외에게는 할 일이 너무나 많고 그 할 일은 서로 다르다.

아내는 밭으로가 냉이를 캐고 작년 가을에 손수 뿌린 시금치를 캔다. 그리고 눈두렁으로 내려가 소복소복 얼굴들 내밀고 있는 돌미나리를 캔다. 막내며느리와 손녀딸은 따라다니면서 재잘거리며 신기한 듯 물어보며 배운다.

막내아들은 전지가위를 숫돌에 갈아가며 10그루가 넘는 주목나무들 머리를 깎아주며 제 딴에는 예술작품이라도 제작하려는 듯 골몰하고 있다. 아마도 처음 들어보는 가지치기 전지가위일 것이다.

팔순과 칠순을 각기 3년 남긴 전 노인과 나는 2층사다리를 끌고 다니면서 과수원의 나무들 가지치기를 해 준다. 그래도 10살이나 젊은 내가 사다리에 올라가 톱과 전지가위로 가지치기를 하면 전 노인은 밑에서 사다리를 꼭잡아주며 이 가지 저 가지 가리키며 자르라 한다. 서너 시간 가지치기 하고나니 시장기가 돈다. 사다리에 올라있는 내 다리가 후들후들 떨리는 걸 느끼며 사다리를 꼭 잡고 있는 전 노인을 내려다보며 소리 지른다. 〈자두 술 아직 남아있지요 우리 좀 쉬면서 그 술 좀 마시고 하지요〉

두 노인의 마음에는 늙음의 그림자란 없다. 이 농장 시작한 16년 전 나이 그대로이다.

해바라기

늦은 봄에 느닷없이 아내가 해바라기 씨를 사 들고 와서 농막 옆 산자락 밑 밭에다 심었는데 어찌나 느리게 자라는지 씨를 심을 때는 관심 두던 나는 한 여름이 되도록 까맣게 잊어버리고 있다가 오늘 고추를 따러 농장에 내려갔을 때 웬 키다리 30여 그루가 툇마루와 샤워장에 그늘을 드리우고 있었다. 내가 잊어버리고 있었던 동안 해바라기는 무럭무럭 자라나 나를 놀라게 해준 것이다. 자세히 한 놈 한 놈 들여다보니 놈들은 벌써 해님 닮은 동그란 해바라기 꽃들을 매달고 벌 나비들을 불러 모으고 있었다. 이제 한 달쯤 후면 동그란 해바라기들이 온종일 태양과 밀어를 속삭이며 소담스런 씨앗들을 품안을 것이다.

해바라기는 왜 해만 따라 얼굴방향을 돌리고 해가 지면 고개를 떨어뜨릴까. 건너편 나라로 간 해를 향해 얼굴을 바꾼 것인가. 태어나고부터 운명적으로 이름조차 해바라기인 걸까. 해를 얼마나 사랑하면 그러는 걸까. 동그랗게 생긴 얼굴도 해를 닮지 않았는가. 태어나고부터 애오라지 해만을 사모하는 그 일편단심에 해인들 어찌 외면할 수 있겠는가 하고 별별 생각을 다 해본다.

태풍 매미가 올라온다고 한다. 전 노인은 행여 태풍에 키다리 해바라기들이 허리나 다치지 않을까 걱정 된다며 사방에 나무막대를 세우고 면줄로 가두리를 해주었다. 이제부터 늦가을까지 꽃을 마음껏 즐기다가 씨가 영글어 따야 할 때가 되면 아내는 소담스런 해바라기 씨들을 따서 나에게 들라 권해 줄 것이다.

아내가 느닷없이 해바라기 씨를 사다 심은 것은 나의 캐나다바이어 미스터 실버티버의 금연이야기를 나에게서 들은 때문이다. 미스터 실버티버는 내 사무실을 방문할 때나 함께 외국을 다닐 때면 늘 해바라기 씨를 가지고 다니면서 담배가 피우고 싶을 때면 꺼내어 껌처럼 씹고는 하여 담배의 유혹을 떨쳐버리곤 하여 결국 금연에 성공했다는 이야기를 아내는 나에게서 들었던 것이다. 담배가 건강에 나쁘다는걸 나의 아내인들 왜 모르겠나. 한데 남편인 내가 나이 열 살이나 더 많은 전 노인과 둘이서 밭일하면서 시도 때도 없이 뻑뻑 담배들을 피우고 있으니 볼 때마다 두 늙은이들 꼬락서니가 얼마나 밉고 또 걱정이 되었겠는가. 그러던 차에 모종상회에 들렸다가 씨를 사다 심게 된 것이고 게다가 아내는 그 옛날 시집오기 전 친정집 뒤꼍 담장 밑에다 해바라기를 심어 기른 경험도 있고 하여 자신을 가지고 사다 심었던 것이다

그러나 내가 과연 해바라기 씨로 담배를 끊는다는 것은 자신할 수는 없다.

하지만 노력은 해봐야 하겠다. 해바라기를 볼 때마다 금연을 생각하고 아내의 정성을 생각해서라도 노력은 해봐야하겠다. 담배생각이 날 때마다 미스터 실버티보의 얼굴도 그려보며 그 친구처럼 해바라기 씨를 주머니에서 꺼내어 씹어 금연의 경지를 이루어보자. 해바라기 꽃들아! 어서 여물어 그대의 결실로 나를 시험해보려무나.

강변 집 바위

나의 강변 집은 국도확장으로 이미 헐려지고 없어진지도 오래 전 일이지만 지금도 이따금 고향선영故鄕先塋을 다니러 가거나 돌아올 때에는 잠시 차를 멈추고 서서 옛 집터와 뒤곁에 있던 바위를 쳐다보며 잠시나마 옛 추억에 잠기고는 한다. 옛 집터와 그 집 앞 대추나무와 복사나무는 없어졌지만 그때 뒤곁에 있던 그 큰 바위는 아직도 그대로 그 모습을 간직하고 나를 반겨준다. 그 바위 뒤 산자락 밑으로는 아직도 이따금 시간 맞추어 열차들이 오가고 그 뒤 가파른 산 또한 그대로이고 그 바위 위에서는 아직도 앞으로는 남한강이 흘러가고 있으며 지금은 낚시 금지구역으로 된지 오래 되었지만 지난날 내 그리도 좋아하여 주말이면 내려가 즐기던 그 낚시터도 내려다 보인다.

내가 고향 선영을 가고 오는 길에 잠시 멈추어 바위를 올려다

보며 옛 추억에 잠길 때면 어쩌면 나를 기다려주던 저 바위도 나와 이렇게 눈이 마주치면 나처럼 저 또한 나와의 지난날 추억을 이심전심으로 생각하는지도 모르겠다.

어쩌면 저 바위와 나와는 깊은 인연이 있는지도 모르겠다. 강변집도 없어진지 오래인데 저처럼 옛날과 다름없이 나를 맞아주니 말이다. 지난 어느 벌초 날 아들들과 조카와 고향 근처 선영을 다녀오는 길에 저 앞 샛강 수로에서 혹시나 하고 던져 넣은 낚싯대에 월척붕어 한 마리가 걸려들어 이제는 나이도 들고 하니 전국 저수지며 강이며 주말마다 다니던 낚시 행을 이곳 고향근처로 고정시켜야 한다는 생각이 들어 그길로 복덕방을 방문하여 이 강변집을 구입한 것 또한 어쩌면 저 바위와의 그 어떤 인연이 아니었던가 하는 생각도 든다.

하기야 지금은 없어진지 오래된 이 강변 집은 오늘의 내가 이만큼이라도 늦깎이 시인 농사꾼 노릇이나마 지내게 해준 고마운 존재였다는 걸 나는 인정하고 있는 것이다. 주말을 제외한 날에는 부모님이 이곳 강변 집에 내려 오시어 지내시며 텃밭을 일구시며 우리 두 내외에게 틈틈이 농사일을 가르쳐 주시었고 또 고향 친지들과의 잦은 모임장소로 두 분 산소자리도 구하셨고 지금의 나의 농장자리도 그때 친척을 통해 구입할 수 있었던 것이다.

그나 그뿐인가 공장과 무역부 직원들이 주말이면 몰려 내려와 강변 집 뒷산으로 등산도 하고 낚시터에 몰려가 낚시도 하여 피로도 풀고 술잔도 나누고 아들들도 제 친구들 데리고들 와 젊음의 우정도 나누고 생각하면 할수록 그리운 추억들 많이도 남겨준 고마운 강변 집, 비록 지금에는 모두 사라져 갔지만 아직도 남아 기다려주는 유일한 저 바위에 대한 고마움을 다음의 시 한 편으로나마 대신하고자 한다.

바위와 희로애락喜怒哀樂

바위여!
내 강변 집 뒤곁 큰 바위여

사람들 기쁠 때면 행복감에 젖지만
그대는 기쁨이란 안중에도 없군요

사람들 화날 때면 눈 부릅떠 욕하지만
그대는 화가 무엇인지 잊은 지 오래군요

사람들 슬플 때면 목놓아 통곡하지만
그대는 슬픔이란 알지도 못 하는군요

사람들 즐거우면 흥이나 춤도 추지만
그대는 즐거움이란 모르는군요

하기야 저 달마대사 면벽참선 9년만에도
희로애락 초월했는데

그대 바위는 수억만 년이나 구도 해왔으니
까짓 희로애락 무슨 대수이겠소

묘목과 봄비

어젯밤에 봄비가 내렸다. 잠결에 천둥소리도 들었지만 봄비답게 조금 내렸다. 10여 일간 비 한 방울 구경 못하고 전국의 건조주의보 발표에다 산불 까지 여러 곳에서 발생하여 듣는 마음 아프게 하더니 그나마 밤새 반가운 봄비가 내렸다. 더욱이 나에게는 더 없이 이 봄비가 반가운 것은 그러지 않아도 어제 5층 테라스 화단과 텃밭에서 자라온 과수묘목들을 다 뽑아서 오늘아침 농장으로 옮겨심기로 한터였으니 이 봄비야말로 나의 묘목을 위한 반가운 비인지라 나로서는 그 이름을 〈묘목비〉라고 불러도 되겠다 싶다. 아침에 농장에 전화를 했더니 전 노인도 기쁜 목소리로 그곳에도 밤새 단비가 내렸다고 한다. 하기야 집에서 농장까지의 거리는 차로 50분 거리이니 내리는 비의 양 차이는 거기나 여기나 별 차이는 없는 것이다.

그런데 신기한 것은 이 묘목들은 어제 내가 캐놓았다가 오늘아침 농장으로 옮겨 심을 것을 어이 미리 알고 밤새 단비까지 불러왔을까 하는 점이다. 이 묘목들은 태어날 때부터 행운을 타고 태어났고 또한 나에게도 기적과 같은 행운을 주었으니 비록 조그만 묘목들이라 할지라도 앞으로도 나와는 무시 못 할 좋은 인연을 가져다 줄 것이 틀림없을 것이다. 여기에 내가 어제 조심스럽게 캐어 놓은 이 묘목들은 자두나무, 단감나무, 모과나무. 그리고 산수유나무 묘목들이다. 이들 묘목들과의 인연은 벌써 2년 전부터 시작된 것이지만 그들의 어미나무들은 부모님 산소와 농장에 지금도 어엿하게 살아들 있으며 그들 어미들과의 인연까지 합치면 15년도 훨씬 넘는 것이다.

이 과수묘목들은 내가 심어 기른 것도 아니고 그렇다고 묘목시장에서 사다 심어놓은 것도 아니고 저희들 스스로 병아리들이 달걀껍질을 쪼아 세상으로 나오듯 이 5층 테라스화단과 텃밭에서 버려진 씨앗을 뚫고 저들 스스로 이 세상 밖으로 얼굴들을 내민 것이다.

부모님 산소 주변과 나의 농장과수원에서는 철따라 과일들이 열려 서울 집으로 옮겨온다. 6월 초부터 매실로 시작하여 자두며 복사며 단감들이며 모과며 산수유 열매들이 한여름을 거쳐 늦가을까지 서울 집으로 아내와 나의 손수레가방에 실려 끌려오는 것이다. 끌려와서는 테라스에 널려지고 아들네 집에 전화하여 나누어주면 다들 몰려들어 왁자지껄 아주 맛있다며 손자손녀들이 먹고 난 씨를 바로 옆 화단과 텃밭에 버리고 또 모과나 산수유는 술을 담글 때 발려낸 씨들이 어쩌다 또 이곳에 들어가 겨우내 이곳

땅속에서 견뎌내다 봄에 새싹을 내밀고는 했다. 하지만 그간에는 이미 부모님 산소 주변이나 나의 농장에 충분히 있는 나무들이기에 뽑아버리곤 하다가 2년 전부터는 이 묘목 터를 한곳에 정해 주고 기르기 시작한 것이니 나의농장 뒷산자락 밑 넓은 땅으로 이 묘목들을 옮겨 심어 멧돼지 소굴로 변한 그 땅을 과수원으로 바꾸기로 한 것이다.

몇 년 전 전 노인과 함께 일할 때만 하더라도 저 넓은 밭도 갈아엎고 수수 와 조를 심어 기르며 한낮 무더울 때는 밭 위 경계로 심어놓은 20그루 고로쇠나무 그늘에서 쉬어가며 내려다보이는 남한강을 바라보고는 했는데 이제 나이 들어 전 노인도 떠나고 나또한 나이 들어 기력이 부족해 빈 밭으로 두었더니 온 밭이 잡목과 칡넝쿨로 뒤덮여 멧돼지 소굴로 변해버린 것이다. 그래 내일 아들들과 내려가 포클레인으로 잡초와 잡목들을 밀어버리고 지금 캐놓은 이 묘목들로 채워주려 하는 것이다.

그러니 생각해보면 스쳐가는 바람도 인연이라 하는데 이 묘목들이 나와는 분명 그 어떤 깊은 인연으로 맺어진 게 분명한 것도 같다. 집안 식구들이 먹다버린 씨에서, 술 담그느라 발려버린 씨에서, 이 공해 심한 도심 한 복판 5층 화단과 텃밭에서 이렇게 제 풀에 싹터 올라 자라나 이제 또 공기 좋은 시골농장으로 옮겨가 나의 사랑받으며 살아가게 되었으니 이야말로 이 묘목들도 좋고 나도 좋게 되었으니 말이다.

노랗게 익은 매실을 따다

농막 툇마루에 걸터앉아 과수원 쪽을 바라보니 양쪽으로 매실나무가 들어선 길 가운데에 노란매실들이 떨어져 있다. 우선 방으로 들어가 작업복으로 갈아입고 창고에 두었던 긴 장대가위를 꺼내들고 또 한손으로는 플라스틱 통을 들고 매실나무들 밑으로 가서 매실들을 줍기 시작한다. 바로 열흘 전에 내려와서 세 번째로 매실들을 털어 서울 집으로 가지고 가서 네 아들네 집에 나누어도 주고 술도 담그고 효소도 담그고 해서 이젠 다 따가고 없는 줄만 알았는데 이게 웬일인가.

매실나무 사잇길뿐만 아니라 매실나무 다른 쪽 풀숲에도 여기저기 숨어서 내가 주워 주기를 기다리고 있다. 열흘 전만 하더라도 매실알들이 푸른색 그대로여서 푸른 잎들 속에 숨어서 볼 수 없었던 것들이 그간에 노랗게 익는 대로 떨어트린 것이다. 그런데 전번까지는 매실알들이 대개 내 엄지 손톱보다 조금 더 컸었는데 오늘 떨어진 것들은 거의 그 2배는 더 자라 매실이라기보다는 살구처럼 커서 얼마 줍지도 않아 제법 큰 플라스틱 통인데도 가득 찼다.

잠시 풀숲에 앉아 쉬면서 아주 큰 매실 하나를 골라 입에 넣어 씹어보니 달기도하나 끝 맛은 시어서 진저리를 치게 한다. 한 가지 신기한 것은 그렇게 떨어져있는 노랗게 익은 매실열매들이 하나같이 썩은 게 없고 속을 발려보아도 벌레가 없다는 사실이다. 살구나 복사나 자두 같으면 대게가 떨어진 것들은 벌레 투성인데 말이다. 과연 동의보감 허준 말대로 이 매실은 그야말로 영실英實이구나 생각하니 매실들이 기특하게 보인다.

풀숲이나 길가를 어지간히 뒤져 떨어진 매실들을 줍고 나서 이제는 매실나무들 가지들을 올려다보았다. 이 나무 저 나무들 가지와 꼭대기에는 노랗게 익은 매실들, 혹은 아직도 파랗게 제 본래색을 지니고 있는 매실들이 제법 많이 보였다. 어떤 가지에는 전번 내가 딸 때 어떻게 내 눈을 피해가며 숨어있었는지 많은 매실들이 다닥다닥 붙어 나를 민망하게도 하고 또 새로운 기쁨을 주기도 한다. 긴 장대가위를 5미터나 늘려 매실나무 가지들을 후려치기 시작한다. 살구만한 매실들이 때로는 머리를 때리고 때로는 어깨죽지를 때리며 나를 놀려대는 건지 혹은 새로운 기쁨을 주는 것이 저들 딴에는 즐거워 장난기를 부리는 것인지는 몰라도 맞는나 또한 아프기도 하지만 내심으로는 기쁜 탓에 콧노래까지 흥얼거린다. 매실나무들 또한 나의 즐거움이 저들의 기쁨으로 아는지 가벼워진 저들 몸에 생기라도 나는지 잎들을 바람과 함께 춤추게 한다. 내가 손수 묘목을 사다 심어 기른 지 어느새 십여 년 된 이 매실나무들, 이 나무들은 이미 나와는 수많은 대화를 나눌 만큼 가까워진 사이들인 것이다. 나무라고 못 알아보고 대화를 못한다고 말하지 말라. 적어도 자기들을 심어 길러준 나와만은 말이다.

연못가 자두나무 옆 고추밭에서 전 노인과 지난밤 바람에 쓰러진 고추들을 세우는 작업을 하던 아내가 하던 일을 끝내고 내 곁으로 왔다. 내가 두 플라스틱 통에 소복이 담아놓은 매실들을 보더니 놀라면서 〈아니 전번에 다 땄다고 하더니 웬 일이예요. 노란 것들은 식초를 만들고 푸른 것들은 당신 술독에 채워 넣으면 되겠군요.〉라고 말하는 것이었다. 나또한 놀란 것은 부부는 늙을수록 닮아간다더니 어떻게 내가 할 말을 먼저 다 해 버리나싶어 아내의 얼굴을 쳐다보며 꿀 먹은 벙어리가 되었다.

장맛비와 강낭콩

농장에서 빨리 내려와야 되겠다고 전 노인이 전화를 했다. 그저께 태풍 민들레에 쓰러진 고추들 일으켜 세우다보니 강낭콩도 물고랑에 다 쓰러져 잠겨 강낭콩에서 싹이 나와 오늘 중으로 강낭콩을 다 뽑아 콩꼬투리를 따서 까야만 다만 얼마라도 건질 수 있다는 것이다.

유난히도 가물었던 봄부터 힘들여 지하수 끌어 키운 것이 헛수고가 된다면 안 될 일이기에 아내와 나는 아침도 드는 둥 마는 둥 전철에서 버스로 갈아타면서 농장에 이르러보니 전 노인은 새벽부터 강낭콩을 뽑아 비 안 맞을 작업장에 널어놓고 있었다. 오늘도 오후 늦게부터 또 장맛비가 계속내릴 것이며 곳에 따라서는 백여 미리나 온다니 우리는 서둘러 작업복으로 갈아입고 강낭콩 작업을 시작했다.

우리 내외와 전 노인은 무슨 일을 하든 손발이 척척 맞는다. 나와 전 노인은 강낭콩 다발을 옮겨가며 콩꼬투리를 따기 시작했으며 아내는 강낭콩을 까기 시작 했다. 어느 정도 콩깍지와 콩꼬투리를 딴 빈 콩 다발이 쌓이면 틈틈이 주변 과일나무 특히나 이제부터 익어가는 감나무와 모과나무 그리고 대추나무 밑으로 옮겨 거름이 되도록 해준다. 이미 열매를 다 내려준 매실나무 밑에는 강아지 두 마리가 배설해 놓은 것으로도 충분한 것을 우리 모두 알고 있기 때문이다.

오전 11시부터 시작한 작업이 오후5시가 넘어서야 끝을 맺었고 고랑 물에 잠겼던 강낭콩들은 다 까서 돗자리에 널어놓으니 붉은색, 자주색, 보라 점박이 색, 하얀색 등 댓가지 알록달록 색깔로 우리들 눈을 즐겁게 해준다.

전 노인에게 물어보기를 도대체 몇 년 동안 강낭콩을 심었어도 금년처럼 이렇게 난리를 친 적이 기억에 없는데 웬일이냐고 하니 금년은 장마가 예전보다 한 보름 빨리 와서 콩이 아직 덜 익은 것 같아 기다렸는데 갑작스런 태풍이 몰려와 그리 되었다고 말해주며 내년부터는 하지夏至날 감자 캘 때 강낭콩이 좀 덜 익었더라도 뽑아 말려야겠다고 다짐하는 것이었다.

저녁밥은 아내가 오늘 수확한 강낭콩을 듬뿍 넣고 또 며칠 전 캔 감자도 몇 알 넣어 지었다. 특히나 보리를 많이 섞은 그 밥을 풋고추를 따 넣어 끓인 얼큰한 된장찌개에 비벼먹으니 꿀맛 같다.

옛날 어렸을 때 어머니와 누나가 강낭콩 깍지 깔 때 그 옆에서 강낭콩 깍지를 주워 모아 장난감 삼태기를 만들며 놀던 생각이 난다. 오늘 강낭콩 꼬투리 따는 작업을 하면서 또 한 가지 배운 것은 강낭콩 가지와 잎사귀는 검정콩이나 노란 메주콩보다는 약간 크고 넓기는 하지만 생김새는 똑같다는 아주 평범한 사실이었다.

제2시집 지족에 게재된 시 〈강낭콩〉을 읽어본다.

강낭콩

외딴 산기슭 농막에서
산새들과
강낭콩 까네

강낭콩 꼬투리에서
빨간색 강낭콩 튀어나오니 꾀꼬리란 놈
제 목소리로 자란 거라며 꾀꼴대네

강낭콩 꼬투리에서
보라색 강낭콩 굴러 나오니 뻐꾸기란 놈
제 목소리로 키운 거라며 뻐꾹대네

강낭콩 꼬투리에서
하얀색강낭콩 얼굴 내미니 비둘기란 놈
제 목소리로 익은 거라며 구구대네

강낭콩 꼬투리에서
세 얼룩빼기가 기어 나오니 세 놈 한꺼번에
서로 제 목소리로 여문 거라며 소란떠네

풀과의 싸움

한가로이 들판을 거닐 때 녹색의 잡초들은 마음속의 그늘을 씻어주는 청량제는 될 수 있어도 내가 심어 기르는 밭곡식이나 과수들을 침범하는 잡초들을 너그러운 마음으로 대해줄 수는 없다. 어제는 탄저 병든 고추들을 서둘러 따는 일을 했지만 오늘은 농막뒷산자락 밑 경계선에 심은 고로쇠나무 19그루와 그 아래 900여 평에 심은 매실과 모과나무55그루를 침범한 잡초들을 낫으로 자르고 괭이와 호미로 뿌리째 캐내는 고된 작업을 시작한다.

4년 전에 어느 묘목시장에서 사다 심은 고로쇠나무들은 어찌나 무럭무럭 잘들도 자라는지 대부분은 벌써 내 키 한배반이나 컸지만 그중 대 여섯 그루는 어쩌다 자리를 잘못 잡았는지 내 키 반밖에 못자라 잡풀들과 사투를 벌리고 있다. 같은 날 같은 시장에서 한 묶음 사온 묘목들인데 이 나무들도 사람들처럼 한 부모한테서 태어났더라도 각각의 삶의 역정은 다른가 보다.

키가 큰 고로쇠나무들은 뒷산자락에서 덮쳐오는 칡넝쿨과 찔레덤불의 공격과 그리고 나무 밑동 언저리에서 덤벼드는 잡초들의 기세에도 이미 키가 커서 겨우 잔가지나 건드리고 있어 긴 장대 낫으로 간단히 잘라버릴 수 있지만 못자란 놈들은 이 잡초들이나 넝쿨들도 얕보는지 온몸을 휘감아 숨겨버리기도 하니 낫으로 베어내고 호미와 괭이로 뿌리째 뽑아주자니 땀깨나 흘리게 된다. 이렇게 고로쇠 19그루 주변의 넝쿨들과 잡초들을 인정사정 두지 않고 제거하는데 이른 새벽부터 땀을 아마도 한 됫박은 실히 흘렸는가 보다.

한여름 태양은 아침부터 열기를 뿜어대기 시작한다. 멀찌감치 저 아래 잔잔한 남한강 물줄기도 아침나절부터 태양의 열기로 숨이 막히는지 뿌옇게 흐르던 갈 길을 멈춘 것 같다. 나도 숨이 막힐 듯하여 대충 오늘 새벽의 일정을 간신히 마치고 농막으로 내려오면서 오후 늦게 해질 무렵 또다시 올라와 저 넓은 곳에 심어놓은 매실나무와 모과나무 밑동 언저리 풀들을 바라보며 또 그 잡풀들과 싸울 생각에 넌더리를 친다.

하지만 어쩌겠는가. 내일은 집에 올라가 할 일이 있으니 오늘 저녁 이곳 산그늘지면 또 올라와 마무리를 지어야지 하고 혼자 생각하는 동안 어느새 나는 농막에 도착, 호미와 낫을 제자리에 던져 넣고 농막 바로 옆 지하수물탱크 속으로 뛰어들어 얼굴을 물속에 잠근다. 지하에서 펑펑 솟구쳐 주는 이 지하수가 없다면 아무리 아침이라도 땀범벅 되어 일할 용기가 날 수 없는 것이다. 이 시원한 물줄기가 있어 잡풀들과의 싸움도 할 용기를 갖게 되는 것이다. 이 물탱크가 있는 한, 이 농막에는 아무리 무더운 날도 선풍기나 에어컨도 필요가 없다. 산으로 둘러싸여 나무들이 울창하고 더욱이 농막 바로 앞 마당가에는 목련나무 세 그루와 키 큰 오리나무가 하늘을 덮고 있어 제 아무리 뜨거운 태양도 넘보지 못하는 곳이다. 그래서 한낮 뜨거울 때는 이곳에서 쉬고 이른 새벽이나 해질 무렵 산그늘이 밭을 덮기 시작할 때나 들에 나가 일을 하는 것이다.

드디어 해가 그 뜨거운 열을 이고 서산에서 한 뼘쯤 떨어져 있을 즈음, 뒷산자락 밑 밭으로는 옆 산이 그늘을 만들어 주기 시작한다, 나는 오늘 내가 해야 할 남은 일정을 마무리하려 또 긴 장대 낫과 짧은 낫 그리고 호미와 괭이도 들고 오늘 새벽에 올라가 일하던 그 고로쇠나무들 아래 밭으로 올라왔다. 올라와 둘러보니 매실과 모과나무는 2년 전 묘목으로 사다 심었는데 그간 올라와보지 못한 20여 일 만에 모두들 잡초 속에 모습들을 파묻혀 버리고 그중 몇 그루 키가 좀 큰 매실나무들만 얼굴을 삐쭉 내밀고 있었다. 그러나 다행히도 2년 전 묘목 심을 때 묘목마다 긴 검정색고춧대를 옆에 꽂아 주었기에 쉽사리 모두들 찾아 주변의 잡초와 넝쿨들을 제거 해 줄 수 있었다.

이제 오늘의 내 할 일들을 마무리 짓고 농막으로 내려오며 생각해 보니 오늘은 나에게는 행운의 날이었다. 첫 번째 행운은 새벽나절 고로쇠나무에 기어오르는 칡넝쿨을 긴 장대 낫으로 자를 때 왕땡이 벌집을 건드려 한 마리에 손등을 쐬었지만 다행히 장갑 낀 손등이었고 또 즉시 벌침을 빼 버려 손등이 조금 부어오른 것으로 끝낸 점이고 두 번째 행운은 그간 가뭄 때문에 풀숲 속에서 대부분 죽은 줄 알았던 매실과 모과나무들이 모두 살아 숨 쉬고 있는 모습들을 발견한 사실이었다. 농막 올 때마다 정성을 쏟아주는 나에게 이러한 행운으로 보상이라도 해주니 나로서는 또한 고맙기도 하다.

토란의 넓은 잎

참으로 토란의 생명력이란 활기차기가 신비롭기까지 하다. 지난봄 아내는 농장 한구석에 토란을 심고 그중 작은 한 그루를 서울 집 테라스로 옮겨와 흙 한 삽 정도 들어가는 자그마한 화분에다 심었다. 심고 난 어느 날 그 화분에서 차 수픈 정도의 새싹이 돋아나더니 무럭무럭 자라 그 화분의 두 배나 되는 넓은 잎들로 자라나더니 그 후 키가 내 목까지 자란 줄기들은 하나둘 죽는가 하면 잇따라 돋아나는 새싹들이 연이어 진녹색의 넓은 잎들의 모습을 지탱해주는 것이었다.

생긴 것은 꼭 저 농장 갈 때마다 보는 양수리 샛강의 넓은 연잎들을 닮았으나 단지 원형의 연잎들과는 타원형인 것이 다를 뿐 비가 내리면 잎사귀들은 물방울들을 굴려 내리고 오목한 잎 중간에는 해가 떠서도 밤이슬 물방울들이 고여 반짝인다. 그리고 잎사귀는 그렇게 크다 치고 줄기는 어떠한가를 보면 놀랍게도 제대로 메워주지 못한 조그만 화분 흙의 거의 삼분의 일을 이 토란 줄기들이 차지하며 이 아침에도 연이어 새싹들을 내밀고 있으니 조그만 토란 한 개의 기세가 정말로 놀랄 만큼 주변을 압도하고 있으니 신비로운 일이다.

며칠 전 농장 한 편에 심은 토란들을 보긴 했으나 워낙 넓은 밭 한구석에 심어놓은 토란이라 잎들이 무성한 걸 보고도 놀라지 않았으나 이곳 5층 내 집 테라스에서 그것도 흙 한 삽 정도 넣어준 화분에서 내 키만큼 올라가는 것을 지켜보자니 놀라는 가슴은 우주의 신비한 섭리에 대한 탄성까지 지르게 해준다. 이 우주는 지수화풍地水火風으로 이루어져 있는 끊임없이 변화하고 있는 무상無常이라고도 한다. 사람도 마찬가지로 우주와 같은 것이며 이에서 예외일수 없다하니 이 토란도 마찬가지인가보다. 우리네 인간들도 한번 태어나면 자기의 영역을 지키며 최선을 다하는 것처럼 이 토란들도 역경을 헤쳐 가며 삶의 투쟁 속에서 살아가는 것인가 보다. 어쩌면 저 토란잎들 위에 물방울들이 그들의 역경속의 눈물인지도 모르겠다.

불현듯 지난날 내 강변 집 낚시터 건너편 드넓은 강변 밭에서 자라던 녹색물결의 토란 밭이 생각난다. 지금은 그 일대의 오수를 건져내는 거대한 시설이 들어섰고 낚시도 금지 된지 오래되었지만 그 때 낚시를 하며 바라보던 그 토란 밭의 일렁이던 녹색의 향기가 갑자기 가슴을 시원하게 해준다. 그리고 다짐되는 것은 저렇게 생명력이 강한 토란이야말로 건강에 좋을 것이 틀림없을 것이니 내년부터는 농장 연못 주변에 많이 심어 잡초 베기로 당하고 있는 고역도 줄일 겸 또 건강도 챙겨보자는 생각도 든다. 얼마 전까지만 하더라도 우리 집에서는 토란을 먹지 않았는데 아내가 친정집에서 늘 즐겨먹던 생각이 난다며 사다 끓여 먹어본 후로는 우리식구들도 이제는 모두 이 토란국을 좋아하게 되었다. 누구보다도 마침 아내는 항암치료약을 복용하고 있는 중이니 저 놀라운 토란의 활력이 아내에게도 그 신비로운 힘을 줄 것이라 굳게 믿어 의심치 않는다.

백일홍

사람들은 누구나 꽃을 사랑한다. 그래서 사랑하는 사람에게 꽃송이를 전하여 사랑을 고백하고 또 생일도 축하해 준다. 꽃은 전하는 사람의 마음을 알아차린다. 그러니 꽃과 사람은 이심전심으로 서로 사랑하는 마음을 갖게 되어 전령의 소임을 다 할 수 있는 것이다. 이것은 부처님께서 꽃을 들어 보이셨을 때 가섭존자는 벌써 그 의미를 알고 빙그레 미소를 지었다는 이야기에서도 나오듯이 꽃은 사람의 마음을 전달하고 파악할 수 있는 능력을 갖고 있음을 알려주는 것이라 여겨진다.

나에게도 서로 마음을 주고받는 사랑하는 꽃이 있다. 그 꽃은 내 농막 앞 과수원 초입에 서 있는 백일홍 꽃이다. 강변 집을 사들이던 해 묘목을 사다가 기르기 6년 만에 다시 이 농장으로 이사올 때 옮겨와 함께 살기를 12년이니 도합 18년간을 마주 대하며 지내왔으니 그 쌓인 정이 어찌 사람과 사람간의 그것보다 덜하다 할 수 있겠는가. 더욱이 나는 이 백일홍을 딸처럼 생각하고 있으며 이 백일홍은 또 웬만한 딸들보다도 더 나를 위해 충만한 기쁨을 주고 있는 것이다.

이 백일홍 꽃은 기특하게도 과수원의 모든 꽃들이 지고 난 7월까지 기다렸다가 꽃 없는 농막의 내가 적적해 할까봐 그때부터 늦가을까지 꽃을 피워 나와 함께 해준다. 이 백일홍 꽃은 꽃 없는 과수원을 백일간이나 그 붉은 등불을 밝혀주고 나대신 덕망 있는 지도력도 발휘하여 이른 봄부터 과수원의 모든 나무들의 꽃피는 순서도 지도 감독한다. 맨 처음에는 산수유 그리고 매실, 살구, 복사, 모과, 대추 순서로 꽃을 피우고 벌 나비들 불러 모으게 하여 모두 열매를 맺게 하여 녹음 속에서 기르게 하고는 7월에나 되어서야 제 꽃을 피워 늦가을까지 100일간이나 꽃 없는 과수원의 등불이 되어주는 것이다. 하물며 이토록 심지 깊은 백일홍 꽃이 어찌 꽃 없는 적적한 내 마음을 헤아려줌이 없었겠는가.

백일홍 꽃은 그 100일 동안을 현란한 꽃송이들로 부채도 만들어 바람결에 나풀나풀 춤을 추며 내 시선을 독점하고자 애를 쓴다. 옮겨온 강변 집과 낚시터의 옛 추억을 되새김질이라도 하려져 아래 강변 집을 휘돌아 내려오는 남한강줄기라도 보려하면 시샘을 부려 그 자그마한 꽃송이들로 날개들을 활짝 펴 어느새 가려버리는 것이다. 사람 나이로 치면 벌써 18살이라 시집이라도 보낼 나이되어서 그런지 해가 가면 갈수록 몸체조차 요란한 꽃송이로 휘여감아 요염해지고 풍만해지니 어쩌면 좋을까. 어디 좋은 신랑감 하나 없을까.

이런 나의 생각은 꿈에서도 나타났는데 어느 날 밤 꿈에 신라의 어느 왕자가 나의 사랑하는 백일홍 꽃나무 앞에서 서성이는 것이었다. 잠에서 깨어 나가보니 백일홍 꽃나무는 그 화려한 붉은 꽃으로 꽃단장한 채 밝은 달빛 아래 그 고운 자태로 잠들어 있었다. 혹시나 이 백일홍은 그 왕자의 전생의 연인이 아니었을까 하는 엉뚱한 생각이 스쳐 지나간다.

가지치기

드디어 오늘 너희들 만나 가지치기 해주는구나!

새벽부터 일어나 전철 타고 또 버스를 두 번이나 갈아타고 와서 너희들 만나 가지치기 해주는구나. 그간 겨우내 추위와 눈보라와 그리고 세찬바람에 이 앙상한 몸과 가지로 어떻게 견뎠느냐. 이제 긴 잠에서 깨어나 벌써 숨 쉬기 시작한 너희들 이제 머리 좀 깎아주는구나. 잔가지도 동그란 혹은 타원형으로 예쁘게 잘라주어 이제 곧 파란 잎들 내밀어 단발머리 혹은 상고머리로 몸매 가꾸고 꽃도 피우게 말이다. 벌써 열흘 전부터 내려와서 너희들 보려했으나 꽃샘추위와 꽃샘 눈이 그리고 또 꽃샘바람이 어찌나 매서운 샘을 내고 나의 발목을 잡고 놓아주지를 않았단다.

모과나무들아!

너희들은 가지들을 가늘게 하늘 위로 뻗었구나. 그래서 가지고 온 4미터나 되는 긴 장대가위로 꼭대기 가지들을 다듬어 주어야 하겠구나. 그래야 동그란 모양새로 동그란 모과들을 열려 돌아오는 늦가을 너희들 모과향기로 이곳 농막 앞 과수원을 가득 채워주고 우리내외 바구니도 가득 채워 주겠구나.

홍 매실 나무들아!

하얀 꽃망울들 벌써 맺히기 시작하는구나. 너희들은 어찌하여 키가 크지 않느냐. 가지들이 다닥다닥 붙어있어 위로 올릴 힘이 없는 것이냐. 그렇지 않으면 가지들 옹기종기 살붙여 끈끈한 정들 나누며 꽃을 피우고 매실 알들 동글동글 많이도 쏟아 주려는 것이냐. 너희들은 착하기도 하지. 사다리도 없이 너희나무들 주변 한 바퀴 돌면서 머리 깎아 줄 수 있고 햇빛 못 보는 속가지들도 쉽사리 솎아 줄 수 있으니.

청 매실 나무들아!

너희들은 해마다 키가 잘도 크는구나. 아무도 손대지 못하게 따가운 가시들로 몸 무장까지 하고 하늘사방으로 잘도 커가는구나. 벌써 연분홍 꽃 피우려 연분홍 꽃 몽우리들 다닥다닥 맺히기 시작했구나. 그런데 너희들은 열매는 나무이름처럼 청 매실인데 어찌하여 꽃은 연분홍색인지 궁금하구나. 너희들은 긴 장대가위와 사다리까지 동원해 가지치기 해주느라 힘께나 들게 하는구나. 하지만 좋다. 6월 중순이면 너희들은 가장 풍요로운 초여름 결실을 주어 내 가족들이며 내 술독까지 채워 줄 테니 말이다.

복사나무들아!

논둑 제방 위로 줄지어 선 9그루의 복사나무들아!

너희들의 생명력은 놀랄 만하구나. 묘목 사다 심은 지 불과 3년 만에 꽃도 피우고 열매도 탐스럽게 열려주더니 이제 5년이 되니 제법 의젓하게 굵어졌고 해마다 사정없이 가지치기를 해줘도 잘린 만큼보다 2배나 더 자라니 이제는 가지치기 해주는데도 퍽이나 힘이 드는구나. 그래도 어쩌겠느냐 오늘도 사정없이 너희들 아플 정도로 잘라줄 수밖에 없으니. 갑자기 아버님 생각이 나는구나. 그 옛날 강변 집 울안에 심었던 복사나무 한그루를 대문 밖으로 옮겨 심어주시면서 울안에 복사나무를 심으면 귀신을 불러들인다고 하시던 아버님 생각이. 너희 복사나무들이 봄에 꽃피우면 얼마나 아름답기에 귀신들까지 불러들인다는 말이 나왔겠느냐.

자두나무 3그루야!

연못가에 아름드리로 자란 자두나무 3그루야!

이젠 가지치기도 너희들만 끝내면 되겠구나. 너무 가까이 심어 3그루가 멀리서 보면 한 그루처럼 보이고 삼형제처럼 서로 가지들을 얽혀 의지해가며 우산처럼 하늘을 덮은 너희들, 이제 곧 흰 꽃들로 우산 이루었다가 다닥다닥 열릴 녹색 열매들로 잎 속 가득 채웠다가 6월 말이면 온통 빨간 자두열매로 오가는 길손들 넋을 잃고 쳐다보게 할 너희들, 너무나 커서 사다리 놓고도 더 기어올라 가지치기를 해주어야 하는 너희들, 그러나 너희들은 내 가지치기에 대한 보답을 가슴 설레게 충분히 내려줄 것이니 힘들어도 힘들지 않게 해주는구나.

과수나무들아!

수고들 많았다. 이제야 끝났구나. 나도 힘들었지만 너희들은 베어지는 아픔, 잘려지는 아픔, 찢어지는 아픔을 참고 견디느라 얼마나 힘들었겠느냐. 하지만 이제 무럭무럭 자라고 꽃도 피우고 잎도 키우고 열매들 맺어라. 꽃샘추위도 이겨 내고, 꽃샘 눈도 떨쳐버리고, 꽃샘바람도 견뎌 내거라. 내가 심어 여태껏 너희들 곁에서 함께한 긴 세월처럼 말이다.

농막으로 가는 새벽차

농장 가는 날엔 새벽부터 잠이 깬다. 새벽 3시면 눈이 뜨인다. 괘종시계가 울려주는 것도 아닌데 정확하다. TV 뉴스채널을 틀어놓고 커피한잔을 타마시다 4시쯤 되면 이미 배달되어있는 조간신문을 가지고 들어와 읽는다. 귀는 귀대로 뉴스를 듣고 눈은 눈대로 신문을 읽는다. 1시간쯤 지나면 이미 세수도 끝내고 아내가 싸준 점심도시락을 배낭에 넣고 집을 나서면 시각은 5시 20분이 된다. 아직은 바깥이 어둡지만 자동차 불빛이랑 가로등이 훤하게 비춰주어 전철역까지 가는 길은 조금도 불편한 점이 없다. 무료 전철표를 받을 때면 그제야 아! 내가 고령이로구나 하는 생각이 든다. 씁쓸한 마음이지만 전철 안에 자리 잡고 보면 새로운 기분으로 전환된다. 이 전철은 새벽 첫 전철인 것이다. 첫차 속에는 늙은이들이 많다. 어떤 이는 눈감고 있고 또 어떤 이는 신문을 읽고 있고 또 어떤 젊은이는 핸드폰으로 열심히 게임을 하고 있다. 여하튼 첫 전철 속에는 비교적 승객들이 항상 많고 밝은 표정들이라 좋다.

상봉역까지는 금세 도착한다. 눈감고 오늘 농장에 가면 무엇부터 일을 할 것인가 생각하다보면 어느새 역 이름을 알려준다. 전철에서 내려 7분가량 부지런히 버스정류장으로 걸어간다. 조금 기다리면 버스가 온다. 새벽 전철에 비하면 새벽버스는 승객이 많지가 않다. 버스에 올라 도심을 지날 때는 눈앞을 스치는 이른 아침풍경을 내다본다.

한강물은 항상 유유히 흐르고 있다. 비록 물의 깊고 얕음은 있으나 항상 그곳에 흐르고 있다. 우리 사람들 몸에 피가 흐르고 있는 것처럼 그렇게 끊임없이 흐르고 있다. 산도 마찬가지다. 어느 산허리, 어느 산꼭대기, 어느산 계곡이고 간에 눈을 뜨면 그곳에 항상 자리하고 있다. 그러나 산과 강과 스쳐가는 농촌 들녘은 언제나 내 마음에는 새롭게 각인된다. 그곳에는 생동하는 흐름이 있다. 꼭두새벽 잠에서 깨어 피곤하던 내 마음과 몸은 그들 새벽정령들의 포옹을 받는다. 그러는 새 어느새 나는 양수리에서 내린다. 내 고향으로, 농장으로, 강변 집으로 가는 길목인 이곳 양수리에서 나는 두 번째 환승 버스를 기다려야 한다. 기다리는 동안 나는 농막에 가서 전 노인과 함께 할 먹을거리 준비하는 것을 잊지 말아야한다.

이제 한번만 버스를 타면 농장이다. 10분 거리밖에 안 된다. 이곳에서 버스를 기다리는 시간은 무료하지 않고 오히려 즐겁다. 바로 기다리는 버스정거장이 남한강변, 지난날 내가 자주 와서 낚시를 즐기던 바로 그곳이기 때문이다. 넓은 강 한복판에서는 운이 좋은 날에는 팔뚝만한 잉어가 튀어 오르는 걸 구경도 하고 물속에서 월척 붕어들이 물살 가르며 노는 구경도 할 수 있다. 이렇듯 추억의 낚시터에서 구경을 하고 있으려면 같은 버스를 기다리던 승객들이 〈버스 왔어요〉 하고 소리쳐 알려준다.

농막이 있는 역에서 내리면 그때부터 발걸음은 느려진다. 서서히 봄이 자리잡아가는 들녘의 공기를 실컷 마시며 유유자적한다. 이제 10여분만 걸어가면 농막이 나타난다. 서울 집에서 2시간 20분 거리, 전철 한번, 버스 2번.

이렇게 갈아타고 농막까지 가는데 그 정도 시간이라면 그다지 지루한 여행길은 아니다. 이제 조금 더 가면 농막에 이를 것이고 멀리부터 나를 반기는 개들 짓는 소리가 요란할 것이다. 아침 일찍 일어나 고구마 심을 준비하던 전 노인도 개들 짓는 소리에 내가 가고 있는 걸 알고 이곳 오솔길을 내려다보고 있을 것이다. 나보다 10살이나 더 많은 전 노인. 나보다도 더 건강하다. 두 노인 오늘 고구마 심고 강낭콩 심고 할 일 많구나.

누렁이와의 하루

오늘은 새벽차로 나 혼자 농장에 내려왔다. 농막에 도착하니 전 노인 농막의 툇마루에 누렁이가 누워있다. 나를 잔뜩 경계하며 꼬리조차 흔들지 않고 있다. 그렇다고 도망치지도 않는다. 혹시 병이 들어 저러는가 아니면 3일 만에 왔으니 굶어서 기운이 없어 저러는가. 측은한 생각이 들어 아내가 싸준 배낭속의 빵을 하나 꺼내 던져주었다. 그래도 툇마루에서 꼼짝 않고 나를 응시하고 있다.

우선 자두나무 앞밭으로 갔다. 풀숲에 파묻힌 밭을 바라보며 어떻게 저 풀들을 다 뽑고 김장 심을 밭을 일구어 놓는가 하고 이리저리 궁리한 끝에 배추 심을 밭을 두 두둑으로 만들기로 작심을 하고 고랑을 길가에 하나, 가운데 하나, 그리고 좌측 끝 고추밭과의 경계에 하나 해서 3개를 만들기로 하고 얼마 전 사온 3발 쇠스

랑으로 고랑을 파기 시작했다. 전 노인은 지난 2년간 밭고랑이고 이랑이고 구분 없이 내버려두어 요 며칠간 내린 비로 물구렁텅이가 되어버린 밭이었다.

한 시간쯤 쇠스랑으로 찍어 내려가니 풀뿌리까지 뽑혀가며 밭3고랑을 그다지 어렵지 않게 이루어놓았다. 처음으로 밭 작업을 해보는 나였지만 그간 전 노인이 치매로 병원에 입원하기 전까지 그가 하던 작업을 눈여겨 보아왔던 터였다. 그간 나는 과수원에나 신경써왔지 밭 곡식은 내 아내와 전 노인 둘이서 전담해 왔던 것이다.

우선 밭고랑은 만들어 놓았으니 아침밥이나 들고 나서 흙을 뒤집어엎어 이랑을 만들고 비닐을 덮기로 하고 비 오듯 흐르는 땀을 손바닥으로 씻어내며 농막으로 들어왔다. 누렁이는 그때까지도 꼼짝 않고 그 자리에 누워있다. 밭일하러갈 때 던져주었던 빵 한 조각은 이미 먹어버렸는지 보이지 않는다. 우선 미리 켜놓아 물탱크에 쏟아져 넘치고 있는 시원한 지하수로 머리까지 담가 더위를 식힌 후 아내가 싸준 누렁이밥을 배낭에서 꺼내 누렁이 밥통에 쏟아주고 물도 새로 떠서 갖다 주었다. 나의 농막 의자로 돌아와 아침식사를 하면서 누렁이의 거동을 살펴보니 그제야 누렁이는 전 노인 농막 툇마루에서 봉당으로 내려와 허겁지겁 밥을 먹어치우더니 나와의 거리를 5미터로 줄인 거리로 다가와 앉아 나를 쳐다보고 있는걸 보니 나에 대한 경계를 조금은 풀기 시작한 모양이다. 아내가 싸준 내 도시락 중에 달걀무침 한 조각을 던져주니 덥석 받아먹고는 또 5미터거리 경계를 유지하며 나를 쳐다본다. 어쩌다보니 놈이 나보다 겨란 무침 반찬을 더 먹어버렸다. 측은한 생각에 내 입에 들어갈 걸 나도 모르게 던져준 것이다.

누렁이가 자기의 주인 전 노인을 저 툇마루에 누워 기다리며 집을 지켜주는지가 벌써 오늘로 만 한 달이 된다. 저런 충성심이 사람이라고 한들 어느 구석에 존재할 수 있겠는가.

아침식사를 끝내고 수건을 지하수에 적셔 목에다 걸치고 밀짚모자를 쓰고 밭으로 가서 본격적으로 밭이랑 작업을 시작한다. 그런데 아침나절에는 꿈쩍도 않던 누렁이가 신나게 이리저리 뛰며 이제는 5미터에서 3미터 거리 간격으로 경계를 하며 따라오더니 나의 작업을 감시라도 하는 듯이 자두나무 그늘에 앉아 나의 일거수일투족을 바라보고 있다.

마지막 비닐작업을 할 즈음 멀쩡하던 하늘에 구름이 끼더니 빗방울이 듣기 시작한다. 서둘러 작업을 마무리 짓고 얼른 농막으로 돌아와 햇볕에 마르라고 내놓아 펼쳐놓았던 누렁이 사료를 걷어 야외식탁 안으로 옮겨 놓았다. 누렁이도 따라와 제 먹이를 챙겨주는걸 아는지 냄새를 맡아보고 또 작업장으로 가는 나를 이제는 경계거리를 3미터로 고정했는지 방금 전처럼 유지하며 따라온다.

일에 열중하다보니 어느새 서울로 떠나야 할 시간이 되었다. 물탱크 속에 들어가 몸을 식히고 따놓은 붉은 고추와 꽈리고추 그리고 옥수수 대여섯 개를 배낭에 넣고 떠날 준비를 하고 있을 때 누렁이는 벌써 눈치를 챘는지 서글픈 표정이다. 다음 월요일이면 4일인데 생각하며 그동안 누렁이가 먹을 사료를 넣어주고 떠나는데 웬걸! 누렁이가 졸래졸래 따라나선다. 그래 나는 마치 누렁이가 다 알아들으리라 믿으면서 말해준다.

〈누렁아 미안하구나. 어떻게든지 살아라. 너를 데리고 서울 집에 가서 함께 살려고 오죽하면 개장수한테 잡아달라고 부탁을 해도 너는 인간들을 못 믿어 잡혀주지를 않는구나. 개장수도 너를 못 잡고 포기하고 갔으니 이제는 너를 잡아갈 사람은 없단다. 4일 후에는 더 맛있는 음식도 많이 갖다 주마.〉 3미터 거리를 유지하고 따라오던 누렁이도 내말을 알아들었는지 혼자 또 전 노인 농막 툇마루 쪽으로 되돌아간다.

검게 탄 얼굴

무거운 고추 배낭을 메고 서울로 가는 버스를 아내와 함께 탔다. 아내 또한 애호박이니 옥수수며 꽈리고추로 가득 채운 배낭을 농장부터 버스정거장까지 메고 와 버스를 탄 것이다. 버스 안 시원한 에어컨이 우리 내외의 흘린 땀을 씻어준다. 아내는 오늘따라 땀을 많이 흘리고 배낭을 메고 오느라 힘들어한 내가 안쓰러웠던지 말문을 열어준다.

〈당신얼굴이 왜 그렇게 검게 탔어요?〉

〈농사꾼이니까 탈 수밖에.〉

〈그래도 창피하지 않아요. 수건이라도 쓰고 일해요. 당신 친구들 얼굴은 다 허여멀건데 왜 당신은 그렇게 촌티가 나는지 모르겠네요.〉

〈창피하다니! 그런 말 하지마소. 아무나 시골에 다니며 농사지을 수 있나. 70 나이에 이렇게 농사도 짓고 시골 산기슭에 오르내리고 전철과 버스도 갈아타고 얼마나 좋은가. 또 늘그막에는 시인도 되었으니 당신과 내가 짊어지고 가는 이 무거운 배낭 속에는 3일 후 다시 농장에 내려올 때까지 서울 집에서 나와 함께 놀아줄 시의 요정들이 숨어있는데.〉

창피하다는 아내의 말에 역정 비슷하게 대꾸하는 나의 대답에 아내는 아무런 말도 없이 달리는 차창 밖을 내다보고 있다. 사실상 나는 창피할 것이 없다고 생각하지만 아내에게 대해서만은 미안한 점이 많은 것이다. 서울 토박이로 자라 농사일이라고는 전연 모르고 살던 아내가 나이 많이 들어 어느 날 갑자기 나보다 더 극성스러운 농사꾼이 되어버렸으니 말이다. 사실 말이지 농장에서의 채소나 밭작물 농사는 농막에서 지내며 농장관리를 맡고 있는 전 노인과 내 아내의 담당이고 나는 10여 년이 넘도록 과수원 일만 주로 담당하여 오고 있는 것이다. 그래서 이제 아내는 과수원 일에는 무관심이지만 밭농사나 채소에 관한 지식에 관해서는 나보다 더 월등한 것이다.

이따금 아내가 힘들어 하는 걸 보고는 제발 이제 나이도 많이 들어 힘드니 농장에는 나 혼자 다닐 테니 집에서 편하게 지내고 친구들도 만나고 또 자식들 집에나 다니며 손자손녀들 재롱이나 보며 지내라 해도 아내는 농장에 가는 날이 되면 무슨 초등학생 소풍이라도 가는 듯 밤잠을 설치고 꼭두새벽부터 도시락 준비를 하고 나보다 더 앞서 집을 나서곤 하는 것이다. 사실상 아내도 남편 따라 농장에 다니는 것을 노년의 가장 행복한 삶이라고 생각하기에 이른 것이다.

나또한 아내가 내다보고 있는 차창 밖으로 흘러가는 한강 물줄기와 그 건너 산의 울창한 숲들을 내다보며 이렇게 아내에 대하여 미안하게 생각하며 깊은 상념에 잠겨있을 때 옆에 앉아있던 아내가 또 말을 건네 온다.

〈얼굴 검은 농사꾼 할아버지! 이제 내 할 일은 고구마 캐기, 김장 무 배추 심어 기르는 일만 남았는데 당신 할 일은 모과 따기, 감 따기, 대추 따기만 남았네요.〉

〈왜 또 있지. 들깨 털기, 녹두 털기, 고추마저 따기, 알밤과 은행 알 줍기 등 아직도 할 일이 많은걸〉

아내와 나는 다시 차창 밖을 내다보며 늦가을까지 농장을 다니면서 할 일들을 행복한 미소를 머금은 체 눈앞에 그려본다.

손수레와 알밤

며칠 전에 마트에 갔다가 손수레를 하나 사서 오늘 처음으로 잔뜩 주운 알밤 넣은 배낭을 손수레로 끌고 와 보고서야 손수레에 달린 바퀴의 위력이 이리도 큰 것인가를 새삼 실감하게 되었다. 농장에 내려와 농작물을 배낭에 넣어 짊어지고 농장에서 전철역까지 힘들게 걸어 다니던 걸 이제는 바퀴가 내 힘을 거의 다 덜어주어 한10년 더 내 젊음을 되돌려준 것과 같으니 이 얼마나 고마운 일인가.

달리는 전철과 버스를 환승해 가면서 그 모든 것이 바퀴에 의해 굴러다닌다는 사실을 알면서도 무심히 지내왔는데 이제야 바퀴의 위대함을 새삼 실감하게 된 것이다.

굴러가는 바퀴는 원의 형태이다. 타원형도 아니 되고 사각형은 물론이고 팔각형도 굴러갈 수가 없다. 그래서 지구도 둥글고 태양과 달도 둥글어 저렇게 한시도 쉬지 않고 굴러다니는가 보다. 하늘을 날아가는 저 비행기들이라고 작동하는 원형의 프로펠러 원리 아니면 가능할 것인가. 그러니 원형의 굴러다니는 위력은 지칠 줄도 모르고 쉬어갈 줄도 모르는 우주의 신비로운 섭리가 아니겠는가 하고 새삼 느끼게 한다.

원래 손수레는 해외 여행할 때나 쓰이는 것으로 알았고 또는 서울 포장도로에서나 시장이나 마트에 가서 물건을 구입해 올 때나 사용되고 있는 것으로만 알고 있었다. 그래서 오래전부터 농장에서 걷은 과일이나 채소분량이 많을 때는 세 아들들이 번갈아 옮겨 주었지만 웬만한 중량이면 좀 힘이 들더라도 우리 두 내외가 배낭에 채워 짊어지고 서울 집으로 옮기곤 했던 것이다.

그러던 차에 이제 아내의 나이도 70을 넘어서게 되어 그런지 작년부터 퇴행성 관절염으로 맨몸으로도 걷기조차 힘들게 되어 이 손수레를 구입할 생각을 하게 되었고 우연한 기회에 어느 마트에서 발견하고 그 자리에서 구입하게 된 것이다.

이 손수레의 바퀴는 아주 자그맣다. 손잡이는 길게 늘려 끌 수도 있고 짧게 줄여 짊어질 수도 있다. 손수레 전체가 강하고 가벼운 스테인리스로 되어있어 버스나 전철 안 승객들 보기에도 불편한 점은 주지 않는다. 더욱이 다행인 것은 이 손수레는 농장에 갈 때는 접어서 배낭에 넣고 가고 돌아올 때도 이 조그만 바퀴가 굴러가는 데는 별로 어려운 길이나 도로가 없다는 점이다. 버스에 올라탈 때만 들어서 올릴 뿐 농장의 오솔길조차 이제는 포장이 되어있어 집까지 오는 동안 이 두 바퀴는 계속 달달거리며 내 뒤를 따라오는 것이다. 힘도 전혀 안 드는 것처럼 그 소리는 나를 상쾌하게 해주며 농장에서 돌아오는 우리 두 내외에게 대화도 나눌 수 있는 여유로움도 주는 것이다. 바퀴의 위력은 내 배낭에 아내의 배낭까지 한데 묶고 끌고 가도 그 자그마한 손수레는 내 배낭 하나 짊어지고 가는 것 보다 배는 더 가벼운 것이다.

오늘도 새벽같이 우리 내외는 이 조그마한 두 개의 바퀴달린 스테인 손수레를 배낭에 넣고 농장에 도착했다. 도착즉시 아내와 나는 우선 밤나무 숲으로 올라가서 간밤에 많이 떨어져 뒹구는 벌건 알밤들을 두어 되 씩이나 주워 내려왔다. 오늘따라 아내는 어느 밤나무 한 나무에서 이렇게 많이 주었다며 화안하게 웃으며 좋아하며 주워온 밤을 농막에 쏟아놓고 또 밤나무 밑으로 올라간다. 나는 배추와 무에 영양제를 뿌릴 준비를 한다. 아마도 오늘은 아내 혼자 밤을 주워도 한 배낭은 될 것이고 또 게다가 녹두 딴 것 모과 떨어진 것 대추 딴 것 합치면 두 배낭은 될 것이다. 하지만 나의 새로운 동반자 두 바퀴 달린 손수레가 있으니 걱정할 것 하나도 없다.

비 오는 날은 알밤 줍는 날

내가 주 중 두어 번 다녀오는 나의 농장 주변은 남향으로 멀찌감치 내려다보이는 남한강 쪽 말고는 삼면이 산으로 둘러싸여있고 산에는 밤나무들이 거의 절반은 차지하고 있다. 가을 알밤이 떨어지기 시작하면 농막에서 불과 열 걸음도 옮기지 않아 밤나무숲이 나온다. 심지어 농막 바로 뒷산에도 서 너 그루가 있어 알밤들이 농막 지붕에도 툭툭 떨어져 앞마당으로 굴러 내려오기도 하고 농막 뒤꼍 도랑을 거슬러 오르면 알밤들이 굴러 소복이 자리하고 있어 주머니나 비닐봉지에 주워 넣을 때는 콧노래까지 흘러나오게 된다. 그러나 주 중 한 두 번 다녀오는 나로서는, 그것도 서울서 새벽전철로 떠나 오전 9시나 다되어 도착하는 나로서는 그런 횡재는 사실상 드문 일이다. 왜냐하면 아랫마을 사람들이나 외지에서 전문적으로 자가용을 몰고 와 주워가는 사람들에게는 당할 도리가 없기 때문이다. 그렇다고 서울 집을 비워두고 이 농막에서 잠자며 밤을 주울 수는 없는 노릇이다.

그런데 작년가을 나는 난생 처음으로 알밤 횡재를 했다. 그것은 비 오는 날 아침에 우산을 쓰고 밤나무 밑으로 들어가면 밤을 많이 주울 수 있다는 것을 경험한 것이다.

작년 가을 알밤이 한참 떨어질 무렵 어느 날이었다. 그 전날 밤 밤새도록 비가 왔으나 오후부터는 개일 거라는 일기예보를 믿고 익은 녹두들을 골라 따고 익은 고추와 꽈리고추를 따러 서울 집을 떠나 농장에 도착하였는데도 그때까지도 비는 주룩주룩 가을비답지 않게 내리는 것이었다.

그래서 우리 내외는 비가오니 밭일도 할 수 없어 농막 툇마루에 앉아 비 그치기를 기다리고 있다가 갑자기 알밤 생각이 나서 내가 먼저 우산을 쓰고 도랑건너 밤나무 밑으로 가는 걸 보고 아내도 눈치를 채고 우산을 들고 뒤따라왔다. 20여 걸음 옮겨 밤나무 숲에 이르니 밤나무 밑 잡초 위에는 온통 붉은 알밤들로 덮여 있었다. 우리 내외는 한 시간 동안 알밤을 주워 농막으로 옮기니 어느새 두어 말 가량이나 되었다. 우리 두 내외 집으로 배낭에 넣어 지고 갈 수 있는 충분한 분량으로 밤 줍기를 그만두고 밤 줍느라 맞은 비와 땀으로 흠뻑 젖은 얼굴을 펑펑 솟구치는 지하수로 씻고 젖은 옷을 선풍기에 말리며 비 그치기를 기다렸던 것이다. 그로부터는 알밤만 보면 비 내리던 그날 아침 우리 두 내외 우산을 쓰고 난생 처음으로 알밤 횡재하던 그 작년의 추억이 되살아나곤 하는 즐거움을 갖게 된 것이다. 그러나 작년 가을 알밤횡재는 그때 한번뿐 그 후로는 다시는 우리 내외에게 또 와 주지 않았다.

금년가을에도 비 오는 날을 골라 애를 태우며 농장에 내려갔다가 허탕을 치고 나서야 사람에게는 인생길에서 단 한 번의 횡재가 오기도 어렵다는 생각과 횡재라는 게 아무에게나 아무 때나 오는 게 아니고 어쩌면 각자가 노력하는 만큼 골고루 나누어 갖게 하는 하늘의 섭리의 뜻임도 깨닫게 된 것이다.

이러한 하늘의 뜻을 깨닫게 된 것은 금년 가을 어느 날 새벽에 잠에서 깨어나 창밖을 내다보니 비바람이 제법 몰아치고 있었고 티브이를 켜보니 오전에는 비가 그칠 거라는 일기예보를 듣고 나니 불현 듯 내 눈앞에는 농장 뒷산자락 밤나무들에서 후드득 후드득 떨어지는 붉은 알밤들이 나타났고 아울러 작년 알밤횡재 생각이 떠올랐던 것이다.

그리하여 결국 우리내외는 꼭두새벽 집을 나서 첫 전철을 타고 작년가을 즐겼던 그 알밤이야기를 나누며 설레는 가슴으로 새벽부터 농장으로 떠나갔던 것이다.

그날도 작년처럼 오전중 비가 그친다하니 비 오는 아침에는 밤을 줍고 비가 개이면 수수도 베어 널고 녹두도 마저 따고 배추에 요소비료도 주기로 했던 것이다.

그런데 그게 웬일인가! 비가 오전까지 내린다던 일기예보는 어디로 갔는지 비는 밤중에 그쳤는지 잔뜩 흐린 하늘사이 하얀 해가 밤나무 숲을 비춰주고 있었다. 우리 내외는 불길한 예감으로 우산과 배낭을 농막에 두고 밤나무 숲으로 올라갔다. 그때 우리내외 눈앞에 웬 물체들이 보였다. 혹시나 고라니나 멧돼지가 아닌가하고 긴장을 하며 바라보니 한 댓 명이나 되는 사람들이 엎드려 알밤들을 줍고 있었다. 그들이 이미 밑에서부터 떨어진 알밤들을 싹

쓸이 주우며 올라간 걸 알 수 있었다. 나와 아내는 한 30분 동안 주운 알밤을 들고 농막으로 내려왔다.

우리 내외는 농막으로 내려오면서 서로 바라보며 한바탕 웃었던 것이다. 아무 말도 아내와 서로 건네지 않은 웃음이었지만 그 웃음은 우리 내외의 아주 적은 허탈감 섞인, 그러나 아주 행복한 지족의 깨달음에 의한 이심전심 웃음의 나눔이기도 했다.

2부

한복집

한복집

유리창 안에는 예쁜 한복을 입은 마네킹들이 서 있다. 일 년 사시사철 눈이오나 비가 오나 추우나 더우나 언제나 그곳에서 옷을 갈아입은 고운 자태로 서 있다. 젊은 내외 마네킹이 둘, 어린 소년소녀 마네킹이 둘, 이렇게 짝을 지어 서 있고 가운데는 나이 어린 어린이 하나가 서 있다.

나는 이 한복집을 사랑한다. 이 한복집은 내가 전철을 타러 오가는 길가에 있으며 차도로는 자동차들이 꼬리를 물고 매연을 뿜으며 달리고 있고 그 도로 한복판 고가철길로는 전철이 바쁘게 오가고 있으며 바로 옆집은 현대식 마트, 맞은편에는 고층 오피스텔, 그리고 오락실이며 카페며 온통 초현대 물결이 휘몰아치고 있는데 그곳에 그 한복집은 옛 향수를 불러일으켜 주며 조금도 주눅들지 않는 의연한 자태로 한복 입은 모습들을 보여주고 있는 것이다. 진흙탕에 피어있는 연꽃처럼 숨 막히는 도심거리에서 아름다운 한복 입은 마네킹들이 웃음꽃을 피어주고 있는 것이다.

길을 가다오다 이 한복집 유리창 안을 들여다 보고 있노라면 고향 뒷산자락 개울가 소담스럽게 피어 엉켜있는 찔레꽃덤불의 하얀 향기를 맡는 것만 같다. 그 옛날 어머님이 입혀주시고 신겨주신 설날 때때옷과 꽃버선이 눈에 떠오른다. 멀고 먼 청진으로 떠난 둘째아들네 식구들 그리워하시며 몸져 누워계셨다는 증조할머님 생각이 난다. 봄날 진달래꽃 만발한 범바위 아래 밭에서 소를 몰고 밭갈이하시던 당숙할아버님의 구성진 목소리가 고향하늘에 퍼지던 생각이 난다.

온통 사방이 모두 서구문명의 물결로 범람하는데 그중 이 한복집만이 민족고유 문화를 지키고 있는 것이 한편 대견하기도 하고 또 다른 한편으로는 서글프기도 하다. 많은 다른 나라를 가 보면 그들 나라 고유의 의상들을 입고 거리를 활보하며 일상생활 속에 깊이 살아 숨 쉬던데 우리나라 국민들은 그저 설날이나 추석 그리고 특별한 날이나 입을 정도이니 어떻게 이리도 고유전통의 의상이 홀대받게 되었는지 알 수 없는 일이다. 6 · 25 동란 후 물밀듯이 밀려온 서구문명에 찬란하던 고유문명은 자취를 뒷전으로 밀리고 물질문명 최우선 시대가 만연하여 정신적인 고유문화는 숨쉴 자리조차 상실하게 된 것이다

그러나 아직은 희망은 있다. 숨 막히는 서구문명의 소용돌이 물결 속에서도 내가 지금 들여다보고 있는 이 한복집은 조금도 주눅 들지 않고 아름다운 한복을 보여주고 있으니 말이다.

선생님이 존경받는 학교

우체국 다녀오는 길가에서 우연히 텅 빈 초등학교 운동장을 들여다보게 되었다. 겨울방학이라 운동장에는 그간 이틀간이나 내린 눈들이 녹지 않고 하얗게 쌓여있다. 아이들은 지금쯤 내일 설날 세배 돈 받을 생각에 설레고 있거나 부모님들과 고향 성묘 길에 오르고 있는 중이거나 떠날 준비들을 하며 즐거워 재잘거리고 있을 것이다.

그런데 학교건물 입구에 〈선생님이 존경받는 학교〉라는 플래카드가 걸려있는 것이 보였다. 처음 그 문구가 눈에 띄었을 때는 그저 그런 뜻이구나 하고 지나치다가 문득 좀 이상한 생각이 들어 잠시 걸음을 멈추고 다시 한 번 그 플래카드를 바라다본다.

지난날 우리또래가 초등학교나 중학교에 다닐 때에는 저런 선전문구란 상상도 할 수 없었기 때문이다. 선생님들이 존경받는다는 것은 아주 상식적이고 당연한 일인데 구태여 저렇게 플래카드를 걸어 놓고 있으니 이 학교가 선생님들이 학생들을 가르치는 곳인지 헷갈리기까지 한다. 우리또래들 학교 다닐 때만 하더라도 선생님들의 그림자도 비켜간다는 말이 있었듯이 그저 선생님이라면 존경을 하고 가르침을 받았는데 어찌 〈선생님이 존경받는 학교〉라는 글로써 선생님들 얼굴을 뜨겁게 한단 말인가. 저 말은 그렇다면 선생님이 존경받지 않는 학교도 존재한단 말도 되지 않는가.

이러한 사태야말로 정신적인 인성교육을 무시하고 물질적인 물리교육에만 치우친 이 나라 교육의 결과가 아니겠는가. 부모지간에도 물질이 우선하는 마당에 사제지간인들 어찌 변함이 없을 수 있었겠는가. 부모가 자식의 눈치를 보고 선생이 학생의 눈치를 보게 된 세상에 그 무슨 윤리도덕의 근간을 보존해 내릴 수 있겠는가.

눈 쌓인 초등학교 교정과 플래카드를 보며 생각에 잠겼던 나는 집으로 발길을 옮기면서 까마득히 멀어져간 내 초등학교와 중학교 고등학교 은사님들을 머리에 그려본다. 선생님들은 이미 대부분 작고들 하셨겠지만, 더욱이 초등학교 6학년에 맞은 6.25전쟁과 유엔군이 학교를 차지하여 이곳저곳 임시초등학교로 흩어져 졸업한 관계로 기억에 남는 초등학교 선생님은 오직 서너 분뿐, 그나마 희미한 기억 속에서이다. 하기야 강산이 5번이나 변한다는 50년도 더 지났으니 그럴 만도 하지 않겠는가.

그러나 아무리 세상이 변하여도 만고불변한 것은 인륜도덕이요 그중에서도 은사에 대한 존경심 또한 변치 말아야 할 것인즉, 그리하여야 선생님들도 마음 놓고 인성교육을 우선하여 이 나라

앞날에는 인성과 더불어 과학문명도 나란히 발전되어 국가 초석에 안정을 기할 수 있을 터인즉, 〈선생님이 존경받는 학교〉보다는 선생님이라는 글자는 함부로 플래카드에 펄럭이게 하는 것조차 옳은 태도가 아니라고 생각된다.

중절모자

나의 생일 3일 전날인 오늘 둘째아들이 생일선물로 중절모자를 사드리겠다며 나보고 가까운 백화점으로 가자고 하여 현관문을 열고 나가려 하는데 아내가 며칠 있으면 세일기간이니 그때 가서 사면 싸다고 하기에 그리하기로 하고 서재로 들어와 무슨 모자를 살까 궁리를 해본다.

나의 서재 한구석 옷걸이에 걸려있는 모자들을 바라본다. 맨 위에는 요즈음 사시사철 봄여름가을겨울에 쓰고 다니는 모자 네 개가 걸려있고 그 밑으로는 젊어서부터 쓰고 다니던 모자들이 10여 개가 걸려있으니 여름 낚시모자, 얼음낚시모자, 카우보이모자, 가죽모자, 청바지모자 등이 그것이며 이들은 나의 젊은 시절 추억을 눈 마주칠 때마다 불러 일으켜주며 나의 사랑도 그 긴 세월 버림받지 않고 받아오고 있는 것이다.

아무리 생각해 보아도 나에게는 중절모자가 어울리는 것 같은데 작년에 모처럼 동두천 친구로부터 동창들 부부동반 초청을 받아 방문했을 때 〈너 혼자만 늙었냐〉 하는 조롱의 말이 생각나 꺼림칙한 생각도 들기는 하여 그 후로는 아주 추운 날 두꺼운 오버코트를 입고 나갈 때나 겨울 중절모를 쓰고 다녔다.

그렇다면 베레모는 어떨까 생각해본다. 그 옛날 고교시절 국어선생님으로 계셨고 2.3학년 때는 담임으로도 계셨던 정한모 선생님이 생각난다. 시인이기도 하셨던 선생님께서는 고바우모자처럼 생긴 베레모를 쓰셨다. 첫 국어시간에 소월의 진달래꽃을 강의해주시기 전 성함을 칠판에 적어주실 때 별명도 〈지월보-地月步〉라 써주시어 교실 안을 웃음으로 가득 채워주셨다. 키가 작으신 자신을 그리 소개하실 만큼 호탕하셨으니 과연 후에 서울대교수로 가시고 나중에는 문공부장관까지 지내신 작은 거인이 아니셨던가 생각된다. 졸업 후 한 번도 뵙지 못한 선생님을 국립도서관 족보열람실 옆 문고 앞에서 뜻밖에도 흉상으로 뵙게 되었다. 문고 방안을 들어가 보니 돌아가신 후 가족들에 의해 기증된 서적들이 정렬되어 있었고, 한편 유리탁자 안에는 선생님 살아생전 쓰시던 유품들도 진열되어 있었는데 그중에는 선생님이 쓰고 다니시던 그 베레모도 놓여 있었다.

베레모를 생각하고 있노라니 또 한 친구가 생각난다. 작년 대학 동기동창 모임 때였는데 대개 모자 쓰고 나오는 친구들은 이제 나이들 들어 머리가 벗겨진 친구들인데 이 친구는 머리도 아직 까맣고 머리칼수도 많은 편인데 그날따라 웬 베레모를 쓰고 왔기에 한참을 쳐다봤더니 이 친구 하는 말인즉 〈왜 쳐다보나? 꼭 일재

시대 다나까 형사처럼 보이냐〉 하며 웃어주는 것이었다. 그 말을 듣는 순간 속으로 생각하기에는 그 친구의 말이 옳은 것 같았다. 비록 키는 짧달막해도 은행장 서리까지 지낸 관록 있던 그 친구가 느닷없이 베레모 빵떡모자를 쓰고 나타났으니 그 모자가 그 친구의 품위를 추락시킨 것도 같았다.

아무리 생각해도 결정을 내리지 못하겠다. 한 일주일 후면 정월 대보름날이니 아마도 세일이 이미 시작되었을지도 모르겠다. 아니 세일을 하건 말건 아들에게 전화 걸어 그 백화점으로 나오라 해야겠다. 아마도 백화점 판매 여직원들이 더 잘 알 것이다. 나에게 중절모자가 어울리는지 혹은 베레모가 더 잘 어울리는지를, 그리고 그 자리에서 여러 모자를 써보면서 또 아들의 의견도 들어보면서 결정하는 게 좋을 것 같다.

뿔테안경

안경을 잊어버렸다. 어디서인가 벗어 놓은 게 틀림없는데 그 장소가 기억에서 지워져버린 것이다. 내가 왜 이런가 하고 자책을 해보아도 소용이 없다. 꼭 찾아야하는데 도대체 어디에서 잊어버렸단 말인가. 꼭두새벽 농장에 내려와 우리 두 내외와 전 노인 셋이서 정신없이 일하다보니 어느새 점심시간이 다 되어오는 이 시각에야 쓰고 있어야 할 안경이 온데간데 없어진 걸 확인하다니, 이게 웬일인가 말이다. 치매라도 걸렸단 말인가. 아니다. 그럴 리가 없지. 일하다 말고 혼자 자두나무 밑 그늘로 나와 잠시 정신을 차리고 오늘 아침부터의 나의 종적을 되새겨본다.

그래! 아침에 농장에 도착하기 전에 아신 버스정거장에서 이곳 농막까지 걸어오는 길가에서 아내와 둘이서 민들레 몇 뿌리 캐가지고 와서 과수원 한옆에 풀을 삽으로 뒤집고 심었지. 그렇다면 민들레 심은 저 과수원 쪽으로 가 보자. 민들레 캐던 그 길가는 집에 갈 때 둘러보기로 하고.

그래! 내가 민들레심고 간 곳은 아내와 전 노인이 고추모종 심을 때 물을 주느라 고추밭고랑을 왔다 갔다 했지, 그럼 저 고추밭고랑도 한번 둘러봐야하겠다.

그래! 고추모종에 물주고 나서 농막 창고로 가서 톱과 낫을 들고 와 저 연못가로 갔지. 연못가 감나무 네그루와 매실나무 세 그루에 퇴비를 주고 매실나무 두 그루 햇볕가리는 버드나무 두 그루 낫과 톱으로 아예 밑동까지 잘라버렸지.

내가 오늘 아침 아내와 농장에 와서 지금 점심때가 다된 이 시각까지 남긴 발자취는 농장으로 올라오는 길가, 과수원 한옆, 고추밭고랑. 농막 창고, 그리고 연못가 이렇게 다섯 군데라고 결론을 내리니 이미 뿔테안경은 내 손아귀에라도 쥐어진 듯 기고만장 그리고 혹시나 하고 걱정했던 치매걱정도 끝이 나니 갑자기 배가 고파온다.

우선 점심식사를 하고 아내와 전 노인에게 셋이 함께 내 뿔테안경을 찾자고 부탁을 해야겠다. 왜냐하면 나 혼자의 눈 보다는 세 사람의 눈으로 찾으면 금세 찾을 수 있을 테니 말이다.

아내가 꼭두새벽부터 준비해 배낭에 넣어 메고 온 도시락을 들고 난후 내가 나의 뿔테안경 좀 같이 찾자 부탁도 하기 전에 아내는 들깨 모종 씨 뿌려야한다고 들깨밭으로 가고, 전 노인은 감자밭과 강낭콩 밭고랑 잡초 뽑아 줘야한다고 자리를 서둘러 떠나니 어쩌겠는가. 나 혼자라도 그놈의 뿔테안경을 찾아 나서야지.

이제는 속 썩이는 뿔테안경에게 화풀이라도 하려는지 욕이 다

튀어 나온다. 이 뿔테안경에게는 내가 그놈이라고 욕을 해서는 안 되는 소중한 나의 소장품이기 때문이다. 이 안경과 내가 함께 한 세월은 33년이나 된다. 한창 젊었던 삼십대 중반에 나는 200여 명이나 되는 종업원을 거느리는 공장의 월급쟁이 사장직에 근무하고 있었다. 그런데 어느 날 편직공編織工 한사람이 사무실로 들어오더니 느닷없이 나에게 자기가 결혼을 하니 주례를 서 달라는 것이었다. 나는 어처구니가 없어 〈아니 자네나 나나 나이도 비슷한 것 같은데 무슨 주례야. 주례는 50살은 넘어야 하고 또 경력도 훌륭한 분이라야 되는 거야〉 하고 한마디로 거절했더니만 이 친구 어찌나 끈질기게 부탁을 하던지 결국 내가 지고 말았던 것이다. 그래 그때 나이가 좀 더 들어보이게 이 뿔테안경을 그 당시에는 제법 고가로 사들여 그 친구 결혼 주례를 서 주었던 것이다.

그런데 그 누가 알았겠는가. 그 친구 주례를 서주고난 2년 후에 그 큰 재벌회사가 나라부정축재판결로 문을 닫게 될 줄을. 하루아침에 직장 잃고 그 당시 내가 운영하던 그 공장은 독립채산제였던 관계로 담보 잡혔던 집까지 잃고, 결국 5일 장터 떠도는 신세가 되었을 때 다들 나를 외면했어도 그 친구는 나를 도와 자기 동료도 모이게 하여 내가 다시 회사를 일으키는데 큰 도움을 주었던 것이다. 그러한 나의 역사를 간직하고 있는 이 뿔테안경을 내 어찌 소중하게 여기지 않을 수 있겠는가.

우선 낫과 톱을 보관할 겸 농막창고로 들어가 찾아도 없고, 과수원 옆 민들레 심은 주변으로 가 보아도 없고 고추밭고랑 다 둘러보아도 뿔테안경은 찾을 수 없어 결국 연못가 감나무 밑 의자 쪽으로 걸음을 옮겼다, 아침에 퇴비를 주기 전 피우던 담배 생각이 나서 담배라도 한 대 피우며 둘러보기로 했다. 담배 한 대를 꺼내 입에 물고 라이터 불을 붙이면서 앉을 의자를 바라보니 이게 웬일인가! 그 의자 위에 나의 뿔테안경이 점잖게 앉아 있으니!

벌써 입춘이라니!

오늘이 어느새 입춘이라니! 창문으로 내다보이는 수락산 연봉음지連峰陰地에는 아직도 흰 눈이 쌓여있고 연봉들이 찌르고 있는 시퍼런 하늘은 아직도 칼날처럼 서슬이 매섭게 차기만한데 그런데도 달력을 보니 오늘이 정녕 입춘이란다.

내가 온몸으로 만나본 입춘의 얼굴은 여러해 전 충청도 어느 드넓은 저수지에서 얼음낚시 할 때였다. 얼음 두께는 20여 센티미터나 되어 얼음구멍 2개 뚫는데 만하더라도 그 매서운 영하10도 이하의 날씨에도 얼굴에서는 땀방울이 비 오듯 흘러내렸다. 얼음구멍 속에 낚시를 집어넣고 기다리면 뚫린 얼음구멍 속 물은 또 얼어붙어 뜰채로 가끔 살얼음을 깨트려 건져내 주어야 했다. 그때 나는 수심 2미터나 되는 물속 바닥에서 이미 새싹을 키워 일렁이는 수초들을 보고 놀랐다. 그 어린 수초들이야말로 내가 처음 온몸으로 경험한 입춘의 참모습이 아닌가 생각된다. 그 추운 입춘 날 그 깊은 물속에서는 벌써 봄의 요정들이 수초를 타고 살랑살랑 춤을 추고 있었던 것이다. 그러니 오늘 입춘 날 저 수락산 연봉 음지에는 아직도 흰 눈이 쌓여있고 시퍼런 하늘이 서슬 퍼렇게 강추위로 위엄을 세우고는 있지만 저 하늘 깊은 곳과 저 산자락 뿌리에서는 벌써 봄의 요정들이 밖으로 자태를 보이려 설레설레 바쁘게 옷자락을 날리고들 있을 것이다. 땅속 깊은 곳에서의 봄의 입김은 야금야금 얼어붙은 산골짜기 얼음들을 밑에서부터 녹여 흘러가게 하며 잠들고 있는 버들강아지들을 깨우고 있을 꺼다. 그리하여 야금야금 산새들의 목청을 열어주고 있을 것이다.

우리 선조님들은 예로부터 입춘 날에는 입춘대길立春大吉이라는 붓글씨를 써서 대문에 붙여 봄을 환영하고 새해 복을 축원하였고 또한 절에 다니는 불교신자들은 일 년 내 집안 평안을 위한 부적을 큰 스님에게서 친필로 받아 현관이고 문틀 위나 혹은 지갑에 넣어 보관하는 등의 풍습을 이어 내려주셨다. 추운겨울을 보내면서 얼마나 기다리던 봄이기에 그리들 하셨을까.

오늘이 입춘 날이 틀림없다 확인되니 내 마음속에도 어느새 봄 향기가 설레기 시작한다. 우선 이번 봄에는 작년 벌초 때 정리 못한 부모님 묘소 위 산자락 잡초들을 잎들 돋기 전에 뽑아 주어야하고 작년 심은 매실묘목들 중 잦은 비에 죽어버린 20여 그루를 뽑아버리고 그 자리에 지금 내 집 5층 테라스 화단에서 자라고 있는 모과와 산수유 묘목을 심어주고 이번에는 혹시나 물이 고이는 곳이 없도록 배수로도 잘 열어주어야 할 것이다. 벌써 내마음속을 꽃피는 4월의 매실 꽃송이들이 봄의 향기로 가득 채워주고 있는 것이다.

조간신문

한동안 일본에서 우리나라 독도가 자기네 땅이라고 주장하는 글로써 우리를 분노케 하더니 요즈음엔 또 중국에서 고구려 역사를 자기네 변두리 국가였고 그들에게 조공을 바치고 그들에게 예속되었던 것처럼 역사왜곡을 발언하여 우리를 분노케 하는 조간신문기사들로 차 있다.

최근 고구려 역사를 자국역사로 편입시키려는 저들의 움직임은 저 방대한 고구려 영토에 아직도 남아있는 고구려 유물들을 몰래 변형 혹은 훼손하고 우리 역사학자들의 답사조차 고의적으로 금지시키고 있으며 왜곡된 역사를 유엔세계유물로 지정받고자 신청 중에 있다고 하니 어째서 우리나라는 그들 나라로부터 그 수많은 고통의 역사를 받아야 했으며 현금에도 그들은 이 나라를 저들의 밥으로 알고 있단 말인가.

우리나라의 역사는 중국과 몽고와 거란, 그리고 일본의 침략정복 하에서 신음해 온 한에 절인 국가와 민족이긴 하지만 그때마다 부단한 투쟁으로 결국에는 오늘날까지 이 나라 명맥을 이어온 강한 민족의 자부심도 지켜온 터이고 더구나 그 역사 중에서도 저 방대한 중국의 만주벌판과 요동반도 깊숙이 영토를 확장했던 광개토태왕의 업적을 통쾌한 긍지로 살아온 우리민족이기도 한데 어찌해 이런 자랑스러운 역사까지 왜곡하려든다는 말인가. 자기네들 중학교 교과서에도 〈고구려는 한국사이며 백제 신라와 함께 한반도 정권이었다〉라고 기술하여 오다가 말이다. 일본은 이미 경제대국이 된지 오래고 중국도 공산주의에서 자본주의를 포용함으로 해서 수년 만에 경제대국으로 옮겨가고 있다. 그래서 중국이 또 한 번 이웃나라에 대한 패권의 야심을 들어내기 시작한 것인가. 얼마 전까지만 해도 가난하던 중국의 외환보유고가 이제는 우리나라의 수준을 넘어선 것이다.

조간신문을 보며 여기까지 생각에 잠겼다가 다른 지면으로 펼쳐보니 이제는 분노가 아니라 참으로 한심스런 활자들이 이맛살을 찌푸리게 한다. 험악한 노사투쟁, 심각한 실업률, 민생고, 카드빚으로 자살의 이어짐, 강도 살인의 흉악한 사건들이 꼬리에 꼬리를 물고 나타난다. 얼마 전에는 어느 재벌총수가 자살하더니 오늘 뉴스에는 또 세 번이나 당선되어 능력을 발휘해 오던 부산시장이 구치소에서 자살을 했다 하고, 도대체 이 나라가 어디로 가려 이리도 어지럽단 말인가.

이처럼 심각한 나라를 올바르게 이끌어 갈 지도자는 도대체 어디로 가 숨어있단 말인가.

들여다보던 조간신문을 덮어버린다. 아침부터 혈압이 오른다. 하지만 어쩌겠는가. 그렇다고 조간신문을 구독사절을 하자면 더 궁금해질 터이니. 반백여 년 보아오던 조간신문과는 깊은 정 또한 들었는데. 오랜 세월 습관 되어 매일 아침에 눈뜨면 나도 모르게 또 들쳐볼 조간신문인데.

지구온난화

지구온난화로 아프리카의 킬리만자로 만년설도 몇 년 후면 다 녹아버릴지도 모른다고들 한다. 또 21세기 중엽에 이르면 북극해의 얼음도 여름철 동안에는 완전히 자취를 감출수도 있다한다. 남극해 바다얼음도 1950년에 비해 20%나 줄었다한다. 그린란드의 빙하가 모두 녹으면 지구 해수면은 7미터가 상승하여 전 세계연안도시 대부분이 물에 잠긴다고 한다. 50년 후에는 노아의 대홍수 같은 대재난이 닥칠 수 있다고 한다.

이렇듯 생각만 해도 무서운 재난이 닥쳐오는데도 그것을 막을 생각은 하지 않고 세계는 전쟁과 테러에만 빠져있다. 하기야 지구온난화를 방지하기위해서는 화석연료, 즉 지질시대에 살던 동식물의 유해가 땅속에 파묻혀 생성된 연료, 즉 석유 석탄 천연가스 따위를 쓰지 말아야 할 텐데 경제대국일수록 독점하다시피 사용하고 있으니 어찌 지구온난화를 막을 수 있겠는가. 태양에서, 물에서 혹은 바람에서 그 어느 대체에너지를 구하려고 과학자들은 노력한다고는 하나 그게 과연 가능할 것인가. 지구가 대 재앙을 받기 전에 세계열강들이 힘과 지혜를 한데 합쳐도 어려운 일인데 그들은 엄청난 돈을 들여 달나라 여행 비행선이나 화성탐사나 하는데 힘들을 쏟고 있는 것이다.

결국 지구온난화는 인간들이 저지른 일이고 그에 대한 업보로 하늘은 재앙을 내리고 있는 것이다. 무자비한 산림훼손과 동물들의 도살은 이미 전 세계를 사스와 광우병과 조류독감 메르스, 그리고 불치의 세균오염의 공포 속에 몰아넣는 업보를 시작한 것이다. 인간들에게 아무리 경고를 미리 주어도 막무가내이니 하늘인들 어찌 더 이상 견뎌줄 수 있겠는가.

얼마 전 신문에서는 날아가던 새 만여 마리가 떼 지어 땅에 떨어져 죽었고 20세기 초에 전 세계에서 4천여 만 명의 인간목숨을 앗아간 병균이 바로 이 조류독감에 비슷한 것이었다는 연구발표가 나왔다고 한다.

얼마전만 해도 소고기, 닭고기, 오리고기로 포식하던 사람들이 이제는 생선과 채소 쪽으로 옮겨 간다고는 하나 그것들조차 또 병균을 가져다주지 않는 보장은 어디 있겠는가.

인간들은 하루 빨리 인간과 자연이 함께 서로 사랑하며 살아가야 한다는 진리를 깨닫고 실천해 가는 길이 파멸 속으로 빠져들어가는 지구와 인류를 구하는 유일한 길임을 알아야 할 것이다.

여기까지가 내가 써 놓았던 2004년 일기장 속 한 편의 글이다. 어느새 이 글을 써 놓은 지도 16년이나 지났다.

그런데 작년인 2019년 12월 중국 우환에서 발생했다는 코로나19바이러스가 오늘 현재 2020년 12월 8일까지 근 1년 동안을 우리나라뿐만 아니라 전 세계를, 온 지구촌 인간들을 주검의 공포 속에 몰아넣고 있다. 어제까지만 해도 전 세계 코로나 확진자수가 6천800여 만 명에 이르고 있고 사망자 수도 150만 명에 이르고 있으며 지금도 그 기세가 수그러들지 않고 있는 것이다. 그나마 세계 여러 나라 연구진들의 노력으로 1년 만인 이제야 코로나백신이 연구결과 96프로 안전확인安全確認 되어 오늘부터 영국정부가 세계 처음으로 일반인들을 상대로 코로나 백신 접종에 돌입했다하며 이번 접종은 공식 임상실험을 거친 뒤 대규모로 이루어진다는 점에서 사실상 국제사회에서 첫 백신공급으로 평을 받고 있다는 것이다. 우리나라는 다른 나라들 백신접종의 안전결과를 지켜보고 나서 내년도 2021년 1분기(2,3월)부터나 단계적으로 도입할 예정이라 한다. 내 맘 같으면 우리나라도 어서 빨리 확보를 하여 저 무서운 코로나로부터 벗어나기를 바라는 마음 간절하지만 어쩌겠는가. 집안에 처박혀 기다려야지.

이 무서운 코로나로 온 세상이 깊은 몸살을 앓고 있는 와중에 엉뚱하게도 독일 메르켈 총리는 나무를 많이 심자 라고 외쳤다 한다. 하지만 이 얼마나 의미 깊은 말인가. 메르켈 총리는 바로 이러한 코로나 같은 인류의 재앙은 인간들에 의한 자연훼손으로 인한 지구의 온난화로부터 오는 결과임을 일깨워 지적해준 말이 아니고 무엇이겠는가. 지구의 허파라 불리는 저 아마존수림 또한 나날이 훼손 되어 간다 하지 않는가!

이분법二分法 - 편 가르기

어쩌면 사람들은 태어날 때부터 편 가르기를 좋아하는지도 모르겠다. 부모들도 돌이 지난 아가들 보고 〈아빠가 좋으냐 엄마가 좋으냐〉하고 물어보고 좋아하니 말이다. 아이들은 편을 갈라 공놀이도하고 전쟁놀이도 하고 술래잡기도 하면서 편 가르는데 익숙해지고 어른들도 편을 갈라 축구나 배구나 야구나 여러 가지 운동을 즐기면서 체력을 단련하고 상호간의 친목을 도모한다. 나라 안 뿐만 아니라 국제간에도 올림픽이나 월드컵이나 여러 종별 스포츠를 통하여 국제간의 선의의 경쟁과 국가간의 장벽도 무너트리고 화목의 손을 잡는다. 반백년 닫쳤던 남북도 부산아시안게임에 참석하여 한때나마 통일이나 된 듯이 온 국민의 환호성으로 온 나라를 열광의 도가니로 만들기도 했다. 이렇듯 사람들이 편을 갈라 좋은 점도 많다.

그러나 편 가르기는 인류역사상 수도 없는 나쁜 역사를 되풀이

해주고도 있는 것이다. 다시 말하자면 편 가르기는 좋은 점 보다는 나쁜 점이 더 많다는 것이다. 종교의 편 가르기, 사상의 편 가르기로 내 것이 옳다 그러니 너는 죽어야한다 라는 극단적인 편 가르기는 고대로부터 현금에 이르기까지 무참한 전쟁으로 죽고 죽이고 하는 수많은 전쟁으로 이어져 내려오고 있으며 바로 저 9.11테러나 그리고 이라크전쟁 등 세계 곳곳에서는 편 가르기와 적을 죽이기에 쉴 날이 없는 것이다.

우리나라 국민들도 예로부터 편 가르기에는 그 어느 나라 국민에게도 뒤지지 않는다. 삼국으로 갈라졌던 옛날은 그만 두더라도 조선 500년간은 당파싸움으로 일관되어 왔고 현재까지도 이 나라는 남북으로 갈라져 서로 동족끼리 총을 겨누고 있는 상황이며 현재 우리가 살고 있는 남한만 하더라도 아직도 그 옛날 조선시대를 벗어나지 못하고 보수니, 진보니, 중도니, 당리당략이니, 친미親美 친중親中이니, 지연, 학연, 등 정신들 잃고 편을 가르고 있어 나라의 앞날이 심히 걱정되는 것이다.

2500년 전 부처님께서는 이러한 편 가르기의 못된 점을 걱정하시어 이분법이 아닌 일분 법을 설하셨다 한다. 절간에 들어서면 첫 번째로 맞이하는 문이 바로 일주문인 것이다. 우주는 하나라는 가르침이시다. 내가 너이고 네가 나이고 자연과 인간도 하나이며 하다못해 돌멩이 하나라도 우주라는 말씀이다. 이렇게 모든 것이 하나인 걸 중생들은 편을 갈라 미워하고 죽이고 한다는 것이다. 모두가 하나이니 내 몸같이 다른 사람들을 사랑하고 자연도 내 몸처럼 사랑하라는 부처님의 가르침을 배워 실행하는 길만이 이 지구와 인류를 살릴 수 있다는 것이다.

어느 할머니의 자전거

며칠 동안 건물입구에 있는 주차장관리실에서 건물 안마당 주차장으로 드나드는 차량들을 살펴보고 있었는데 어느 할머니의 손녀딸에 대한 지극한 사랑을 보았다. 이 건물 3층에는 어린이집이 운영되고 있었는데 이 할머니는 아침 일찍이 자전거로 어린 손녀딸을 태우고 와서 어린이집에 맡기고 갔다가 저녁때 또 와서 자전거로 손녀딸을 태우고 집으로 간다.

다른 어린이들은 주로 젊은 부모가 자동차로 태워오고 태워가거나 손잡고 데려와 3층까지 올려주고 가는데 유독 이 어린아이는 할머니가 뒷좌석에 마련된 바구니에 태우고 즐겁게 이야기를 나누며 오고간다. 함께하는 밝은 표정으로 보아 어린손녀딸의 부모는 둘 다 직장에 다니기 때문에 못 오고 그 할머니가 그 일을 대신 도와주고 있는가 보다. 요즈음 세상에는 농촌에서도 어린아이들을 주로 젊은 부부들이 자동차로 태워가고 오는데 이 번잡한 도심에서 60대 초반으로 보이는 할머니가 간편한 작업복 차림으로 어린 손녀딸을 훌쩍 안아들어 자전거 뒤 바구니에 태우고 가볍고 상쾌하게 자전거 페달을 밟고 들어오고 나가는 모습을 보니 할머니와 손녀딸의 깊은 정을 엿볼 수 있다. 저 어린아이가 자라서 어른이 되면 결코 할머니와의 자전거를 잊지 않고 할머니를 그리워 하리라는 생각이 들며 또 저 할머니의 극진한 사랑을 받고 자란 저 어린아이의 심성도 평생 착하고 올바르리라 여겨진다.

자동차의 홍수, 뒷골목이고 대로변이고 꽉 들어서 있고 꼬리에 꼬리를 물고 달리는 살인무기들, 암 사망률보다도 높다는 교통사고로 인한 사망률, 그 보다도 평생을 장애인으로 살아가는 상해자들, 그보다도 뿜어대는 유독가스는 공해로 하늘을 덮어 인명과 자연을 서서히 주검으로 이끌어가는 보이지 않는 공포의 사신邪神들, 그런데도 사람들은 그런 자동차를 떠나지 못하고 마약에 중독된 자들처럼 그들의 노예로 전락하여 코앞의 거리도 차를 타지 않으면 못가는 신세들이 되었다. 이따금 넓은 시골들판 오솔길을 달리는 자전거를 타는 사람들을 보면 마음이 시원해진다. 얼마 전까지 자주 다니던 태국이나 파키스탄 그리고 방글라데시 수도에도 자전거도로 위에는 자전거 물결로 가득 차던데 왜 우리나라 도심에는 자전거도로가 별로 없어 웬만한 자전거들은 사람들 다니는 인도로만 다니게 할까. 기름 한 방울 나지 않는 나라에서 말이다.

오늘 하루도 저물어간다. 오후6시가 되어가니 곧 그 할머니가 또 자전거를 타고 와서 3층으로 올라가 어린 손녀딸을 데리고 내려올 것이다. 그리고 자전거 뒤 철사로 단단히 묶은 일등석 바구니 안에 손녀딸을 덥석 안아 태워 줄 것이다. 오늘은 밖에서 서 있다가 그 할머니에게 따뜻한 말도 나누고 그 어린아이 머리라도 쓰다듬어 주어야겠다.

끝없는 인간의 욕망

달은 지구의 위성으로 지구에서 가장 가까운 거리에 있는 천체이며 화성은 지구의 바로 바깥쪽에서 타원형의 궤도로 태양을 돌고 있는 네 번째 행성이다.

12년 간격으로 닐암스트롱과 컬럼비아호가 달나라를 다녀와 세상을 떠들썩하게 한 후 조용하더니 오늘 티브이에서는 미국 나사 국에서 쏘아올린 쌍둥이 오퍼튜닉호가 화성에서 탐사결과 화성에 물이 있었다는 사실을 밝혀냈다고 야단스레 기사화 되고 있다. 물이 있었다는 것은 곧 생명이 있었다는 것을 말해주는 것이기 때문이다.

태초로부터 인류는 호기심과 정복과 전쟁을 끊이지 않고 발현하여 오고 있다. 그로 인하여 인류의 문명이 발전되어 삶의 질을 향상시키고 풍요로움을 획득하여 오늘날에 이른 것은 사실이다.

그런데 이제는 그 욕심이 극에 달하여 달나라니 화성이니 정복을 한다고 야단들이다. 불교에서는 이 우주에는 삼천대천세계가 있어 이 지구만한 조그만 세계가 3천개, 그보다 더 큰 세계가 3천개 그리고 아주 더 큰 세계가 3천개나 된다고 설하고 있고 그리고 밤하늘에 반짝이는 저 수많은 별들은 얼마나 먼 거리에 있는 것인가 혹은 얼마나 작거나 큰 것들일까 알바도 없는데 지금 우리네 인간들은 지구에서 가장 가까운 달나라와 화성에 우주선을 보내고 저리도 환호에 덮여 있는 것이다.

자신들이 살고 있는 이 지구, 자신들의 후손들이 살아갈 이 지구는 병들어 죽어 가는데, 지구의 온난화로 남극과 북극의 얼음이 녹아내리고 히말라야, 킬리만자로의 만년설조차 사라져간다는데 제 발등의 불 끌 생각은 않고 달나라나 화성으로 구경 간다고 저 야단들인 것이다.

인공위성을 쏘아 올려 달과 화성을 정복한다는 저들 강대국들은 전쟁을 일으켜 지구상에 피비린내를 일으키는 장본인들이다. 그 엄청난 돈을 굶어 죽어가는 세계빈국 어린이들의 목숨을 살려주는데 쓸 수는 없는 것인가. 그 엄청난 돈으로 병들어가는 지구를 살릴 수는 없겠는가. 달이나 화성에 깃발이나 세우고 돌덩이나 모래 몇 알 가져와 무얼 하려는가. 이 우주의 창조주가 배려하여 지구상에 태어나게 해주었으면 그 은혜에 보답하는 길은 지구촌 사람들끼리 서로 위하고 지구촌 모든 자연들을 사랑하여 억만년 후까지 후손들의 평안을 기해 주어야 하지 않겠는가.

인간들이여! 그 엄청난 자금 들여 그대들 발자국 남기는 달보다는 태고로부터 우리네 인류 조상님들이 멀리서 우러러 바라보며 희로애락을 함께하는 게 더 아름답지 않겠는가.

죽마고우竹馬故友

이따금 티브이에서 어렸을 때 고향을 떠나 객지에서 오랫동안 살다가 나이 들어 반백의 머리로 그제야 고향생각을 하고 고향을 찾아가 죽마고우들과 초등학교 동창들을 만나 옛이야기와 술잔을 나누는 장면을 보면 나는 그런 죽마고우나 초등학교 동창이 없음에 마음이 허전함을 느낀다.

나이 6살 때 고향을 떠나 북녘 땅 청진에서 왜정시대 때 초등학교에 입학하여 학교를 다녔으나 입학하던 그해 8 · 15해방을 맞아 고향 근처 서울로 이사를 와서 초등학교에 재입학하여 동네 아이들과 뛰놀고 급우들과 우정을 쌓아가는 가 했더니 또다시 들이닥친 저 6 · 25전쟁으로 인한 피난살이로 헤매다가 남북 간의 휴전협정으로 집에 돌아왔으나 다니던 초등학교에 미군부대가 들어있어 낯선 다른 임시 초등학교를 들어가 1년이나 늦게 졸업했으니 나에게는 초등학교 동창이란 있을 수 없게 되었고 내가 살던 그 동네도 떠나 서너 집이나 옮겨 살아왔으니 나에게는 죽마고우라는 말은 아예 해당거리 자체가 안 되는 말이며 다만 어렴풋한 기억 속에서만 찾아볼 수 있는 것이다.

6살 때 떠나온 고향은 워낙이 첩첩산골 마을이라 마을 집들도 한두 채씩 멀리 떨어져있어 기억나는 얼굴들이란 증조할머니 할아버지 삼촌들과 누나. 그리고 아랫집 당숙 아저씨 얼굴밖에는 생각나는 얼굴들이 없으니 고향죽마고우란 있을 수 없는 노릇이고 또한 저 이북 땅 청진서도 반 학기 다니다 8 · 15해방으로 피난을 내려왔으니 그곳에도 생각나는 죽마고우란 있을 수 없는 일이고 보면 그래도 나에게 죽마고우라 하면 초등학교 1학년부터 6 · 25전쟁 전까지의 종로6가 집이 유일한 곳이라 할 수 있겠다.

그래도 그 시절 함께 뛰놀던 그 어린친구들은 이따금 그리워진다. 낙산으로 올라가는 좁은 골목길 좌우로는 작은집들이 늘어서 있었고 그 좁은 언덕길은 우리 꼬마들의 놀이터였다. 그 골목길에서 술래잡기, 공놀이, 자치기, 줄넘기, 딱지치기 하며 놀던 그 아이들, 그리고 내 어린 가슴에 연정의 초록 싹을 움트게 해주었던 그 소녀들, 하지만 60여 년이 지난 지금껏 소식을 아는 친구는 아무도 없다.

하기야 세상은 얼마나 변했는가. 죽마고우란 말은 요즘 세상에는 전연 어울리는 말이 못되는 것인가 보다. 10년이면 강산도 변한다는 옛말이 있었으나 요즈음 세상은 10년이 아니라 단 1년만에도 강산이 변해 아파트단지로 변하고 인심도 변하여 죽마고우는 고향에 아직도 저들 부모나 형제자매들이 살고 있으면 몰라도 그렇지 않으면 설령 죽마고우가 살아있더라도 찾아보기란 그리 쉽지 않은 각박한 세상이 되어버렸다. 그래서 요즘의 죽마고우란 주로 중고교나 대학동창, 또는 직장동료를 일컫는 말로 변했다 할 수 있겠다.

이제 나이 많이 들었는데도 달력에 동그라미 쳐놓은 친구들 모임 날을 지켜보면 젊을 때처럼은 아니지만 그래도 가슴이 설렌다. 만날 친구들 얼굴 들 떠올리며 혼자 웃기도 한다. 이제 다들 나이들 들어 술잔들도 줄었지만 그래도 시늉들은 해주며 즐거워한다. 이들이야말로 나의 진정한 죽마고우들인 것이다.

모자의 추억

옷걸이 하나에 모자들이 걸려 꽃나무를 이루고 있다. 어떤 모자는 겹쳐서 걸려있고 어떤 모자는 삐뚜로 떨어질 듯 걸려있고 또 어떤 모자는 정수리에 점잖게 씌어져있다. 열대여섯 개나 되는 모자가 색깔도 각각이고 모양도 각각이다. 그러나 모두 지난날 20여 년 동안 낚시에 미치다시피 했을 때 쓰던 것들이라 색깔들이 태양에 발한 탓에 그리고 오래된 것들이라 낡은 탓에 이루고 있는 꽃나무는 생화꽃나무가 아니고 조화꽃나무처럼 보인다. 오래된 이 모자들을 나는 아내의 성화에도 불구하고 내다버리지 않고 내 서재 창밖 베란다에 두고 이따금 내다보며 지난날 쓰고 다니던 낚시터의 추억에 잠기고는 한다.

이 꽃나무를 이루고 있는 모자에는 봄여름가을겨울 사시사철 모자로 섞여있다. 그러니까 이 꽃나무는 사시사철 꽃으로 이루어져 있다고도 할 수 있고 사시사철 낚시터의 추억을 간직하고 있다고도 할 수 있는 것이다. 비록 봄여름가을 모자는 곰곰이 살펴보아야 알 수 있지만 귀마개가 있는 털모자는 두말 할 것 없이 겨울모자인 것이다.

봄 모자를 보면 뒷산자락 진달래꽃 만개했을 때의 밤나무골 춘천호 샛강낚시터, 여름 모자를 보면 옥수수와 토란 밭 푸른 진녹색의 옥천 남한강 샛강낚시터, 가을 모자를 보면 갈대숲 우거진 남양만 상류의 지천낚시터, 겨울 모자를 보면 80년 만의 폭설로 얼음구멍 뚫다 철수한 강포리 저수지 낚시터 등 추억의 낚시터들이 떠오른다.

추억의 낚시터가 어찌 위에 말한 것뿐이랴. 강원도의 춘천호, 소양호, 한탄강, 임진강으로부터 아래로 내려오며 경상도 포항이며 합천 저수지에 이르기까지 안 가 본 이 나라 강과 저수지가 거의 없을 정도였으니 낚시를 사랑했다기보다는 주말마다 낚시 병에 중독된 환자라 하는 게 옳을 상 싶기도 하다. 그러니 낚시를 즐겼다기보다는 낚시에 빠져 허우적거린 20년이라는 세월의 흐름이었다라고 할 수도 있겠다.

그래 요즈음 이따금 읽어보는 지난날의 일기에는 월요일부터 토요일 오전까지는 회사업무와 자금에 시달리던 기록으로 가득 채워져 있고 토요일 오후부터 일요일까지는 낚시터를 오가는 이야기며 낚시를 하던 이야기로 가득 채워져 있음을 보고 게다가 어느 날에는 그 먼데까지 가서 낚시 동료들이 모두 꽝이고 단 한 친구가 겨우 피라미 두 마리 잡고도 우승컵을 받았다는 기록을 보고는 나도 모르게 혼자서 웃음이 터져 나오는 것이다.

나의 서재에는 추억의 낚시이야기가 적혀있는 일기장 뿐 아니라 지난 그 오랜 세월 낚시 하는 동안 찍어놓은 사진첩들이 있다. 이따금 이 사진첩을 들춰보면 의례히 내가 쓰고 있던 모자를 보여준다. 보여주는 모자와 지금도 창밖 베란다 옷걸이에 걸려있는 모자와 비교를 해보면 아 이 모자는 이 낚시터에서 쓰고 낚시를 했구나하고 알아볼 수 있는 것이다. 그야말로 이 모자는 완전한 자기 존재의 알리바이를 성립시켜준다.

나는 지난날의 낚시에 미쳤던 일들을 후회하지 않는다. 낚시를 통해 나는 잃은 시간보다는 얻은 것이 많기 때문이다. 칠순을 지낸 지금도 아직 건강한 몸과 정신을 갖고 있다는 점과 낚시터 전전을 피하고자 만든 강변집 낚시터는 지금의 나의 농장으로 이어져 노년을 자연과의 삶을 즐기게 해주었으니, 다시 말해 자연으로 가는 오색무지개 다리, 바로 그 무지개다리가 나의 낚시에 미친 그 세월이 아니었던가 하고도 여겨진다.

단일민족과 탈 민족

남과 북 문학 작가들이 모여 만든 〈민족문학 작가회의〉의 이름을 변경하여 〈민족〉이라는 단어를 빼고자 협의를 한다고 한다. 이 회의는 친북성향을 띤 소위 진보주류와 북의 작가들이 모여 만든 명칭인 바 이의 명칭변경으로 인한 민족과 탈 민족 그리고 민족 상존 필요성에 관한 논쟁이 신문지상에 게재되고 있다. 가뜩이나 이 나라는 지금 보수니 진보니 해서 엉뚱한 이념분쟁이 가열되고 있어 나 같이 8 · 15해방과 6 · 25전쟁 등 격변의 세월을 체험한 나이든 사람으로서는 이것 역시 좌경화를 획책하는 그 어느 음모의 숨은 손들의 움직임이 아닐까 하는 걱정이 늘어날 뿐이다.

더욱이 이 나라는 아직도 남과 북으로 갈려있고 서로를 향해 총부리를 겨누고 있으며 북은 선조정치를 부르짖으며 핵폭탄을 개발하여 남한을 위협하고 있는 이때 점증하는 국론분열은 안타

깝기만 할 뿐이다. 공공연히 북을 찬양하는 교수들이 있는가 하면 국가기밀이 북으로 흘러가는 간첩행위라던가 하는 현상을 신문지상을 통해 볼 때는 지난날 몸소 겪었던 어린 시절의 6.25전쟁의 참화가 생각나 몸서리가 쳐지는 것이다.

그렇다. 남과 북은 단일민족이다. 그러나 북은 공산주의 국가이며 남은 자유민주주의국가로써 우리단일민족은 두 쪽으로 갈라져 있어 세계의 유일한 분단국가의 불명예를 걸머지고 있다. 물론 남북국민은 한 민족이니 하나로 통일되기를 간절히 희망하고 있으나 북은 권력유지를 위한 모든 수단과 방법을 가리지 않고 드디어 핵 보유를 세상에 알려 남쪽의 생존조차 위협을 받게끔 하고 있는 바 문제의 심각성은 북한 동포의 기아선상에서 헤매는 그 참혹한 현실인 것이다.

더더욱 불행한 것은 우리 남과 북은 자력통일이란 불가능한 입지에 놓여있어 지금도 6자회담의 성패를 놓고 고심하고 있는 것이다. 엄밀히 말하자면 북은 한 핏줄 한민족을 더 높이 부르짖으며 남으로부터 경제적인 도움을 얻어 그 돈으로 남쪽의 목숨, 같은 종족의 목숨을 노리는 핵무기를 만든 결과를 초래한 것이다.

좌경 문학인들은 북의 이념을 찬양하며 이런 행위를 문학의 자유라 한다. 북에서 만일 남한을 찬양하는 글을 썼더라면 그들이 당할 끔직한 처벌은 그들은 어리석게도 한치 앞을 못 보듯 망각하고 있는 것이다.

민족문학 작가회의고 문학 작가회의고 탈 민족이고 그것이 무슨 문제인가.

하기야 90년대 이후 동남아시아로부터 외국인 노동자들이 많이 유입되고 국제결혼도 크게 늘고 있으며 이제는 세계화의 물결로 지구 전체가 하나로 되고 자유무역거래가 대세이며 인터넷, 모바일, 인공위성 발달로 제4차 산업 혁명이 벌써 눈앞에서 전개되어 전 지구를 안방 보듯 볼 수 있는 좁은 지구가 되었는데 무슨 민족이고 단일민족이고 따지느냐 하는 견해도 있겠지만 그러나 그것은 넓은 의미의 각개각국의 포용의 문제이지 민족의 변함은 영구불변일 것이다.

단군조선 5천년 역사를 우리는 버릴 수 없는 것과 마찬가지로 우리는 한민족임을 앞으로도 잊을 수 없는 것이며 잊어서는 아니 될 것이다. 역사왜곡으로 중국과 일본은 우리나라 역사를 침범하고 있으며 그들이 민족이라는 단어를 잊고 팽개쳐 버리자고 하는 걸 듣고 본적 있는가. 이념분쟁이 없어야 국론이 통일되고 국론이 통일되어야 북도 포용될 수 있는 틈새라도 열릴 수 있지 않겠는가. 문학인들이여! 공연히 불난 집에 부채질하지 말고 그대들의 선천적인 의무인 예술 창작에나 전념하시라.

효자손

효자손은 대나무로 만들었으며 손이 닿을 수 없는 등을 긁는데 사용 된다.주로 나이 많은 노인들이 사용하는데 그 이유는 늙으면 가려운데도 많아지고 팔 또한 유연하지 못해 가려운데 까지 손이 닿기가 어려운 경우가 많기 때문이다. 그래서 그 이름도 착한아들처럼 등을 긁어주니 〈효자손〉이라 이름을 지어준 것 같은데 물론 이 이름은 처음 이 물건을 만들어 팔기 시작한 사람의 상술의 두뇌로 지어진 것인지 아니면 자기부모 가려운 곳을 시원하게 긁어 드리고 싶은 효성스런 어느 아들이 지은 이름인지의 여부는 확인 할 도리가 없다. 하지만 요즘 같은 각박한 세상에서 효자손이라는 이름은 정감이 가는 단어임에는 틀림없다 하겠다. 특히나 나처럼 나이든 측에서 생각해보면 말이다.

우리 어렸을 때만 하더라도 이 효자손은 보도 들어도 못했다.

고향에 내려가면 당숙할아버님이나 백부님은 기다란 곰방대로 담배를 피우셨는데 그 담뱃대로 등을 긁으시는 걸 여러 번 보았고 할머니는 손자나 손녀들한테 긁어달라고 하시고 또 아무도 긁어줄 사람 없을 때는 부엌에서 땔나무가지를 골라 긁으시는 걸 본 기억이 난다.

우리들 나이 어릴 때 밖에서 놀다 가려운 곳이 있으면 담벼락이나 전봇대에 등을 대고 문지르기도 하고 그것도 시원치 않을 때는 집으로 뛰어가 〈엄마 가려워 긁어줘요〉 하며 등을 내밀면 시원하게 긁어주시고 난후 손바닥으로 한번 때리시거나 옆구리를 간지럽게 해 주시어 도망치던 생각도 난다.

그러나 이제는 세상이 많이 변하여 곰방대도 없어지고 나무 때던 아궁이도 없어지고 대가족제는 핵가족화로, 가부장제는 부부취업화로, 아이들은 학교 가랴 학원 가랴 저희들 놀 새도 없어졌으니 떨어져 사는 할아버지 할머니 등 긁어드린다는 건 꿈도 꿀 수 없게 되었으니 이제는 늙은이나 젊은이나 집안에 효자손 몇 개쯤은 준비해놓아야 할 세상이 되어버린 것이다. 숨쉬기조차 바쁜 일상생활에서 등을 긁어줄 사람은 어디 있고 긁어 달랠 사람은 또 어디 있겠는가. 집안에 효자손 몇 개 걸어놓고 스스로 해결하는 수밖에.

이 효자손 이름대로라면 아들손이라는 뜻인데 내 경우라면 아들들이 내 등을 긁어주거나 안마를 해준 기억은 없으나 요즈음 유치원 다니기 전후 손자손녀들이 이따금 다니러오면 등도 두드려 안마도 해주는 시늉을 하고 긁어달라면 긁어주는 시늉만 할 뿐 간지럽고 고물고물 고사리 같은 손을 움직여 그저 귀여워 너털웃음만 웃게 되는데 그러나 그 순간만은 세상에 그보다 더 부러운 게 없이 행복한 것이다. 그래서 나는 효자손이름은 그대로 두고 효손손이라는 이름도 하나지어 상품화하면 어떨까도 생각해본다. 내리사랑이라고 효자손보다는 효손손이라고 하면 판매고를 더 올릴 수 있지 않을까 생각도 해본다. 아들들은 나이 들어 대견하지만 손자손녀들 재롱은 더더욱 사랑스럽고 귀여우니 말이다.

내 집에는 효자손이 다섯 개나 있다. 그런데 이 효자손들이 몸을 숨겨야하는 경우가 있다. 사촌지간이 되는 어린손자 셋이 집에 다니러 오는 날이면 이 효자손들이 칼로 변하여 전쟁이 벌어지는 것이다. 손자 한 놈은 4살이고 두 놈은 다 3살 동갑인데 다섯 달 차이가 날 뿐이다. 요사이 티브이에서 주몽이니 연개소문, 대조영, 그리고 로봇들의 칼싸움하는 걸 보고 그대로 그 효자손으로 시늉을 하다가 한방 맞은 놈이 울며 다른 놈을 때리면 그놈도 울고 집안이 온통 난리가 나는 것이다. 그래서 그놈들이 오면 침대 밑이고 높은 선반 위에 숨겨놓지 않을 수 없는 것이다. 그놈들이 초등학교에 들어가면 그때야 효자손들도 제자리를 찾아 걸어놓게 될 것이다. 15년 전 돌아가신 아버님과 6년 전 돌아가신 어머님이 걸어놓고 사용하시던 그 자리에 말이다.

행복학幸福學 박사

미국의 한 대학에서 〈행복학 박사〉 과정이 신설된다고 한다. 사람들이 왜 불행한가를 연구했던 기존 심리학과는 정반대로 긍정적 심리접근법에 의거 행복학의 연구영역을 넓혀갈 것이라 한다. 언뜻 들으면 배부른 나라사람들 이야기 같지만 그러나 물질과 기계만능풍조사조機械萬能風潮思潮에 잃어가는 인간성과 인간적인 삶의 현실 속에서 섬광閃光을 비추듯 반가운 소식이 아닐 수 없다.

지금 지구 온난화로 북극해 빙하가 녹아내리고 전 지구를 강타하는 자연 재해 앞에 이제야 자연환경의 중요성을 깨닫고 환경보전대열에 참여하는 지구촌 사람들은 인류의 교육이 순수한 진실과 진실한 비전을 주는 인문학을 추방한다는 것은 자연 파괴가 가져오는 자연 재해보다 덜하지 않은 중대한 사안이라는 것을 알아야 할 것이다. 고로 만시지탄의 감은 있지만 처음으로 행복학이

개설된다는 말은 나를 기쁘게 해주는 것이다.

이 행복학이 중요 학문으로 발전하여 온 세계가 온 나라가 온 사회가 온 가정이 우리 모두의 자신들이 행복하게 되기를 기원해 본다. 그리하여 전쟁 없는 지구촌, 분쟁 없는 나라, 서로 돕는 사회, 화평한 가정, 남의 행복을 위해주는 우리 모두의 자신들이 되어주기를 희망하는 것이다.

사람들은 누구나 태어날 때부터 행복을 추구한다. 아가였을 때는 배를 채우기 위하여 젖 달라고 울고, 학교 들어가 졸업할 때까지는 공부 잘 하려고 노력하고, 사회에서도 학자들은 학문에서, 사업가는 돈벌이에서, 정치가는 정계에서 모두들 성공하려고 자기전문분야에서 노력을 하며 행복을 추구한다. 그들의 삶의 목적은 성공에 두고 성공이 곧 행복을 획득한 것으로 알며 매진하는 것이다.

그런데 조물주가 만든 인간이라는 존재는 욕심과 불만으로 뭉쳐져 있다. 학문을 이룩한 사람은 더 이루려 하고 돈을 많이 번 사람도 더 많이 벌려하고 도대체가 만족을 할 줄 모른다는 것이다. 그러니 만족하다 혹은 행복하다라는 말은 어쩌면 큰 도를 닦는 큰 스님들이나 위대한 종교지도자들에게나 상응되는 언어인지도 모르겠다.

흥미로운 것은 이 지구촌에서 행복지수가 가장 높은 나라가 방글라데시라는 조사결과이다. 나또한 지난 사업시절 5년간이나 그 나라에 사무실을 두고 여러 공장을 다니며 일을 한 경험이 있는데 그 말에 수긍이 가는 것이다. 그들 방글라데시 국민들은 한결같이 태평하다는 것이다. 길거리의 거지들도 부끄러운 걸 느끼지 않고 부자들도 그 어려운 사람들을 도와줄 의무가 있으며 길거리에서 대여섯 식구들이 빵 몇 조각으로 식사를 하는 그 빈민 가족의 얼굴에서도 슬픈 기색이라는 걸 볼 수가 없었다. 그것은 바로 그들의 종교의 힘에 그 근원이 있었다. 한번은 내 다카지사 직원이 차를 몰다가 아이를 치여 그의 집으로 데려가 치료비를 내어주니 그 부모 말이 〈이것도 다 알라신의 뜻이다〉라며 극구 돈을 받지 않아 그로 하여금 당혹감을 금치 못하게 했다는 말을 들었던 것이다. 이런 사실을 보면 행복은 분명 물질에만 국한되어 따르는 것은 아닌 것도 같다

행복을 상징하는 두 이야기가 생각난다.

파랑새를 찾아 추억, 밤, 미래, 등의 나라들을 찾아 헤맸으나 찾지 못하고 집으로 돌아오니 파랑새는 바로 자기 집에 있었다는 벨기에의 작가 엠.메테를링크 동화극 속 치르치르와 미치르 남매의 이야기와 또한 다른 이야기는 어느 동자승이 큰스님으로부터 네 어머니는 고무신을 거꾸로 신고 사립문을 뛰어나오시는 분이라는 말씀을 듣고 헤매다가 결국 찾았다는 이야기인데 둘 다 행복은 집에 있다는 뜻이 아닌가. 그러니 가장 큰 행복은 밖에 있지 않고 내 집안에 그리고 만족감을 느끼는 내 마음속에 있는 것이 아닐까 생각되는 것이다. 그리고 예로부터 전해오는 가화만사성家和萬事成이란 말이야말로 우선 가정이 화목해야 모든 일이 행복하게 이루어진다는 가르침이 아닌가도 생각해본다.

그래도 마음에는 봄 냄새가

치과병원 권원장에게 전화를 걸어 내가 며칠 전 치료차 그곳 병원에 가서 차례를 기다리고 있을 때 들추어보던 사진들 중 호미로 나물캐던 그 어느 노파 사진이 아직도 그곳에 있느냐고 물으니 그렇다고 하며 왜 그러냐고 되묻는다. 그래서 왜 그런지 그 사진 속 그 노파와 그 사진 배경이 자꾸 눈앞에 어른거려 며칠 후 치료하러갈 때 한 번 더 보려한다고 했더니 그 친구 한다는 소리가 〈갑자기 자네 어머니가 그리워지는가 보군. 그래 내가 잠시 후 우편으로 한 장 보내줄게〉하며 바쁜지 전화를 끊는다.

며칠 전 내가 치료차 권원장 병원에 가서 본 그 사진은 친구 권원장이 사진협회동호인들과 함께 남쪽지방 어느 곳을 찾아가서 관광 겸 사진을 찍다가 한창 봄을 맞은 들녘에서 나물 캐는 그 노파를 찍은 사진이었는데 그 사진 배경 앞면으로는 큰 개울물이 흐르고 있고 조금 떨어진 산자락 밑으로는 아담한 마을이 보였다. 그 노파의 얼굴과 팔은 온통 깊은 주름살로 가득했으며 허리 또한 굽어지고 앉아서 나물을 캔다기보다는 양 무릎 사이에 얼굴을 파묻은 채로 두 눈만 호미든 손을 응시하고 있었다. 두툼한 사진첩 속 여러 사진들 중에서 유독 내 눈길을 끌어준 그 노파사진을 들여다보고 있으려니 불현 듯 나 어렸을 때 할머니들 생각이 났던 것이다. 나의 어린 시절 희미하게나마 기억나는 증조할머니, 당숙할머니, 외할머니. 그리고 이미 다들 돌아가신 어머니와 큰 어머니 그리고 친척 아주머니들이 생각났던 것이다. 어찌 보면 그 노파의 얼굴 모습은 왜정시대 태어나 일본치하에서 고통 받고 또 6.25전쟁 때 온갖 고생 다하며 자식들 키워주신 이 나라 할머니들의 그 전형적인 모습이 아닌가 생각되어 가슴이 찡 했던 것이다. 그런 생각으로 그 노파 사진을 들여다보고 있을 때 환자치료를 마치고 잠시 대기실로 나온 권원장이 깊은 생각에 잠겨 그 사진을 보고 있는 나에게 다가와 〈그러지 않아도 그 사진 어디에 출품하려고 하는데 자네 그 제목 좀 지어주게〉라고 부탁하기에 집에 가서 생각해서 전화로 알려 주겠다 하고 그 다음날 〈그래도 마음에는 봄의 향기가〉 라고 지어 알려주었던 것이다.

왜 그 제목을 그렇게 지어주었는가 하면 몸은 늙어도 마음만은 어린아이로 돌아간다는 말도 있다시피 저 노파 마음 또한 비록 몸은 저리 늙었어도 마음만은 젊었을 때와 별로 다름이 없는 것을 나는 알고 있기 때문이다. 그 노파 연세가 내가보기에 한 90세 가량으로 보이는데 그렇다면 나보다 20살 위 뿐인데 더구나 봄날 나물까지 캐러 들판에 나온 저 노파야말로 얼마나 존경스러운 모습인가 하는 생각이 들었고 요즈음 늙은이들을 존경하기는커녕 꼰대니 뭐니 하며 무시하는 풍조에 대한 안쓰러운 마음으로 선정한 제목이었던 것이다.

그렇다. 저 노파는 나물도 캐면서 지난시절 꿈을 꾸고 있는 것이다. 어김없이 또 찾아온 이 봄날에 자기의 남편과 평생 함께 지내온 산과 들과 개울을 바라보며 또 떨어져 사는 자식들 생각하며 지난날의 행복한 마음으로 돌아가 나물을 캐고 있다. 몸은 늙어 지난날의 모습이 온데간데 없지만 마음속에는 그대로 그 시절로 돌아가 봄의 향기로 가득 차 있다.

약속

나는 약속이라는 단어에 너무나 신경과민이다. 어찌 보면 만사에 느긋한 여유로움이 부족한 게 아닌가 하는 자책감도 느끼기는 하지만 그럴수록 약속이라면 아무리 사소한 약속이라도 그 약속에 초조해하고 시간에 늦지 않을까 안절부절못한다. 가만히 생각해보니 그것은 내 지내온 내 생활에서 연유된 것임을 알 수 있다.

40여 년간 섬유수출 외길에 종사해온 나의 거래 선들은 국내생산 업체들과 국외생산업체를 연결해주는 거의가 다 외국바이어들이었다. 상담하러 외국으로 출장 다니고 또 바이어들이 국내로 들어오면 공항으로 나가 영접하고 호텔에서 혹은 국내생산업체 사무실이나 공장에서 혹은 나의 사무실에서 바이어들이 떠날 때까지 상담을 하고 또 생산 공장이 외국일 경우에도 함께 제품검사를 다니는 등 거의가 이런 생활을 해왔기 때문에 시간 지키기, 선적

기일 지키기 등 약속이행이 나도 모르게 내 온몸에 젖어들어 그렇게 약속이라는 단어에 예민하게 되어버렸나 보다.

그 약속이행이 내 기업의 생존을 좌우하는 것이니 약속이라는 것을 틀림없이 지키는 습관이 되어버렸고 기업운영에서 뿐 아니라 모든 나의 생활에서의 약속도 타인이든 나 자신이든 가릴 것 없이 지키기 위한 안달 병에 걸려들고 만 것이다. 그 대신에 가장 중요한 것은 못 지킬 약속은 아예 하지를 않는 것이다. 그 어떠한 계약상의 손해가 오더라도 못 지킬 것은 계약포기를 해버리는 것이다. 또 술을 좋아하는 나로서는 술을 끊겠다는 약속은 내 스스로에게도 하지 않고 다만 소주 반병 이상은 가급적 하지 않게끔 노력하겠다는 약속으로 어느 정도의 틈새를 남겨 놓은 것이다.

바이어들은 나를 〈미스터온타임〉이라는 별명도 부쳐주었다. 내가 몇 시에 호텔로비에 가겠다고 약속을 하면 바이어들은 의례히 내가 5분이나 10분 전에 도착할 것을 알고 제 시각에 나오거나 미리 나와 기다리고 있는 것이다. 어느 해 겨울눈이 밤새 1미터나 내려쌓여 남산 산중턱에 자리 잡고 있는 호텔로 올라가는 길이 차량통행금지가 된 일이 있었다. 그래 차에서 내려 엉금엉금 기어올라 호텔 문을 열고 들어서니 바이어들이 〈내가 뭐랬나 미스터 온타임은 꼭 시간 맞출 거라 하지 않았나.〉하고들 저들끼리 떠들며 껄껄 웃으며 나를 반갑게 맞이해준 것이다. 눈 쌓인 그날의 그 남산 비탈길을 미끄러지며 빠지면서 뛰고 하여 제시간을 지키고 나의 약속에 대한 그 안달병은 지금 나이 들수록 덜하지도 않고 오히려 더해 가기만 한다.

희한한 일은 어느 모임이고 보면 지각하는 친구들이 있다. 그런데 지각하는 사람은 의례히 그 사람이다. 어떤 친구는 30분, 어떤 친구는 10분, 또 어떤 친구는 5분 해서 공교롭게도 그 시간 늦음도 시간을 재기라도 한 것처럼 비슷한 것이다. 그 친구들은 그 벽을 넘지 못하는 것이다. 그리고 똑같이 늦은 변명은 다 다르다. 그들의 별명을 듣는 친구들은 그저 허허 웃고 대수롭지 않게 넘어가 주지만 속으로는 다들 〈늦는 게 어디 한 두 번인가〉 하며 그 친구를 그야말로 대수롭지 않게 생각하게 되는 것이다. 내 생각이 이러하니 다른 친구들 마음도 아마 틀림없이 같으리라 믿는다.

갑자기 나의 아들 넷은 약속을 잘 지키며 생활하고 있는지 궁금해진다. 생각난 김에 약속에 관한 가훈을 하나 붓글씨로 써서 액자에 넣어 나누어 줘야겠다. 그 내용은 〈 약속은 지키자. 못 지킬 약속은 하지말자. 부득이한 사정으로 못 지키겠으면 사전에 알려주자.〉 라고 말이다.

예식장에서 만난 사촌형제들

8촌 동생의 아들 결혼식장에 아내와 함께 간다. 식장으로 떠나기 몇 시간 전부터 오늘은 누구를 만날 수 있을까 머릿속에 그려본다. 머릿속에 떠오르는 사람은 시골 사촌형님과 구로동에 사는 사촌동생 얼굴만이 떠오른다. 그밖에 양현아주머니는 오실까, 간난이 아주마도 올까, 의정부 사촌 형수님도 오실까 하고 생각해보았으나 나도 모르게 머리를 좌우로 흔든다. 올 가망이 없다는 뜻이다. 선친 형제들께서는 사촌이 없어도 6촌지간인 두 집안이 시골 고향집 바로 아랫집 윗집에서 사시면서 친형제들이나 다름없이 그렇게도 다정하게들 지내셨는데 이제는 윗대어른들이 다들 고인들이 되시고 보니 단일대單一代가 지난 지금 우리 대에 들어서 8촌 지간이 되니 그 친척지간의 정이 너무나 확연하게 달라진 것이다.

인사를 시켜주는 4명의 8촌 동생들의 아들들과 며느리들 그리고 딸들이나 손자손녀들 모두가 너무나 생소한 얼굴들이다. 그만치 서로 간에 왕래가 없었던 것이고 지금세상은 그렇게도 많이 변했음을 증명해주는 단면이라 생각하니 마음한편이 씁쓸해진다. 그래도 8촌 지간 얼굴들이나마 서로 보며 반갑게 인사 나누는 걸로 위안을 삼는 수밖에 없는 노릇이다.

생각했던 것처럼 결혼식장에서 만날 수 있었던 반가운 얼굴은 혼주형제들 외에는 시골 사촌형님과 사촌동생 둘 뿐이었다. 예식이 끝나고 식당으로 들어가 우리 셋이서 건배를 한다.

〈형님 먼 길 오시느라 수고 많으셨어요. 자 건배하시지요.〉

사촌형님은 술 한 잔 들면서 나와 똑같은 마음을 토로한다.

〈옛날 같으면 돈암동 아저씨와 양현아저씨랑, 아버지와 작은아버지들이랑, 다들 오셨을 텐데 이제 다들 돌아가시고 어쩌다가 자네와 내가 친척 중에서 제일연장자가 되어있으니 한심스럽기도 하고 옛 어르신들이 그립기도 하구만, 내 나이 어느새 73세이니 아버님보다 벌써 1년을 더 살고 있으니 세월이 어찌 이리도 빠르단 말인가.〉

오늘따라 사촌형님은 나를 만나 기뻐서 그런지 예전에는 조심하여 소주 한두 잔만 마시더니 오늘은 대여섯 잔을 나에게 권하고 나또한 권했다. 술기운이 거나해지니 집안 형제들은 많지만 이런 자리에 잘 오지 않는 세태풍속 변화가 올바른 길인가 그네들 자식들이나 손주들 출가시킬 때는 저들 가족끼리만 치를 것인가 하고 만나고 싶었던 얼굴들 못 본 것에 대한 괜한 심술이 난다.

사촌형님과 나는 어려서부터 가깝게 지냈다. 시골 고향에서 어려서 농다치고개 너머 옥천으로 이사와 살면서 사촌형님은 초등학교 방학 때면 작은댁인 서울 나의 집으로 놀러와 지내고 나또한 방학 때면 큰댁인 사촌형 집으로 가서 나보다 3살 많은 사촌형 따라 다래딱총도 만들려고 다래넝쿨 찾아 산으로 쏘다니고 참새를 잡는다고 고무줄 새총을 만들어 들로 다니고 여름이면 앞개울 웅덩이로 가서 물놀이 하며 놀고 하여 형이 없는 나에게는 여러모로 이 사촌형님이 나의 어릴 적 형 노릇을 톡톡히 해주었던 것이다.

얼마간 점심식사에 반주를 하며 오랜만에 즐거운 옛이야기들을 나눈 후 우리는 밖으로 나왔다. 사촌형님은 또 먼 길을 가야하고 사촌동생도 구로동까지 가야한다. 나는 전철로 3정거장만 가면되니 미안한 생각이 든다.

〈형님! 아우! 잘들 가요 특히 형님 건강하세요.〉

작별인사를 나누고 나는 아내와 함께 전철역으로 가면서 사촌형이 무릎이 아프고 허리디스크 때문에 고생한다는데 내 생각으로는 그 원인이 배가 너무 나와서 중량이 내리눌러 그런 거 아니겠냐며 걱정을 하며 아내에게 물어 본다.

반가운 전화

조반을 들고 나서 신문을 읽고 있는데 전화벨소리가 난다. 아내가 받아들더니 반색을 하면서 〈안녕 하세요. 잠깐 기다리세요〉 인사를 하면서 나에게 전화기를 건네준다. 그렇게 반갑게 전화를 받는 일이 별로 없는 아내이기에 머리를 갸웃거리며 전화기를 건네받았다. 받고 보니 정말 반가운 전화였다.

행우회杏友會 회장의 목소리였다. 〈그래 거기는 어디요. 파로호 농장에는 자주 가나요. 감자 심을 때가 되었는데〉하고 물으니 〈그건 어떻게 알아요 감자 심을 때라는 걸 나 지금 농장에 와 있는데〉 라고 대답한다. 〈아 나도 고향근처 아신에 가서 농사짓는지 15년이나 되는데〉라고 말하니 우물쭈물 말을 않고 웃기만 하는 걸 보니 아직은 농사일은 잘 모르고 있는 모양이다.

이달 15일 오후6시에 만나기로 했다는 전갈이었다. 1958년도

대학에 입학한 해부터 사귀어오는 친구들의 모임이니 올해로 50년의 긴 세월을 1년에 서너 번씩 만나왔으니 반백 년 친구들 모임인 것이다. 그 모임 이름은 행우회라고 불리는데 그 이름의 연유는 용문산이 자리 잡고 있는 경기도 양평군을 고향으로 둔 친구들 모임으로 그 용문산 용문사 절 앞에 서 있는 천년 묵은 은행나무 밑에서 지금으로부터 반백 년 전에 다들 모여서 막걸리 초롱 갖다 놓고 잔들 돌리며 우정을 기약하며 은행나무 행자를 앞세워 행우회라 이름 지은 것이다.

이 은행나무는 신라의 마의 태자가 금강산으로 망국의 설움을 안고 들어가기 전에 이 용문사에 들러 짚고 다니던 지팡이를 꽂아놓고 간 것이 지금의 은행나무로 자라나 그 나이가 천년을 넘어섰는데도 아직도 기세 등등 가을이면 은행 알 몇 섬씩이나 뿌려준다니, 비록 우리 모임 반백 년은 그에 비하자면 짧기도 하지만 인생칠십고래희人生七十古來稀란 말 생각하면 얼마나 긴 세월의 모임이었나.

지금으로부터 반백 년 전, 그 당시 고려대학 교무과장으로 계시던 고 조한응 선생님께서 서울소재 여러 대학에 입학한 양평출신 신입 대학생들을 모아 친목단체로 키워주신 모임이었던 것이 여태껏 끊임없이 이어져 내려오고 있지만 그간 흘러간 긴 세월에 처음에는 한 30여 명 되던 회원 수가 지금에는 9명으로 줄어든 것이다.

어쨌든 이 아침 반가운 소식이다. 작년 11월 21일 면목동 어느 오리집에서 만나고 거의 반 년 동안 소식이 없어 이제 나이들 많이 들어 모임을 그만 두려나 하고 있던 차에 만나자는 소식이 왔으니 나는 들고 갈 매실주나 또 한 병만 준비 해야겠다. 10년 전만 하더라도 3병도 모자란다고 했는데 이제는 한 병도 남겨오게 되다니 술도 나이에는 굴복하는 모양이다.

나의 첫 시집에 게재했던 시 〈행우회〉를 옮기며 친구들 얼굴을 눈앞에 그려본다.

행우회杏友會

고향 은행나무가 맺어준 아주 끈질긴 우정 있다네
푸르던 20대에 만나 어느새
70대 안팎 나이들 되었다네

반백 년 우정 나누니 질긴 끈 중 단연 으뜸 아니겠나
화살처럼 빠른 세월 젊음 앗아 갔어도
우정만큼은 앗아가지 못 했네

오늘도 만나기로 약속된 날 부부동반으로 만나는 날
처음에는 총각들끼리 그다음에는 새댁들과
그 그다음에는 중장년 부인들과 다니더니

이제는 모두들 할아버지들 되어
이제는 모두들 머리허연 할망구들과 함께 오네
몸들은 늙었지만 마음들만은 예전과 변함이 없네

자식들 다 출가시키고 마음 비웠어도
주고받는 농담 예전보다 한술 더 정겹네
고향 천년 은행나무가 우리 우정을 지켜주기 때문이라네

3부

새소리

새소리

아내는 새를 기르기 시작했다. 사업을 파산시킨 남편 믿을 수 없어 어떻게 해서든지 자식들 공부를 시켜야한다며 수십 마리의 새를 약수동 어느 판자 집에 가서 사 가지고 와 기르기 시작했다. 잉꼬, 카나리아, 문조, 십자매 등 여러 종류의 새를 길렀는데 아내는 시장을 다니면서 좁쌀을 사다주고 시장에서 버리는 채소를 얻어다 정성껏 새들에게 먹였으나 암수를 구별 못하여 알 낳는 실적도 부진하여 새끼 부화하는 수도 부진하여 새를 팔아 이득은커녕 좁쌀 사는 돈만 축이 나고 있어 아내의 시름은 깊어만 갔다.

아내가 기르는 댓 평 되는 새집을 들어가면 새들은 시끄럽게 울어댔다. 집도 절도 없이 망해버린 내 귀에는 고운새소리로 들릴 리가 없고 내 가슴을 찢어내는 새소리로 들려 새집에는 들어가기도 싫어했다. 요란스레 우는 새소리는 나를 아내 대신 꾸짖는 것 같았고 아내 대신 나에게 던져주는 정신 좀 차리라는 비아냥거리는 소리로도 들렸다. 그래 결국 그 새소리 듣기 싫어 어느 회사 말단직원으로 들어가기로 결심한 것이다. 아버님의 간곡하신 권유도 계셨지만 놈들의 시끄러운 소리 듣기 싫어 취직하기로 결단을 내린 것이다.

새로 취직한 공장은 성수동에 있었다. 가슴을 찢어대던 새소리는 이제는 내 눈으로 들어와 핏발을 곤두세웠다. 눈에 보이는 것은 새로운 각오의 불길이었다. 전농동 판자 집에서 아내가 싸주는 도시락을 옆에 끼고 성수동 까지 비가 오나 눈이오나 바람이부나 귀가 꽁꽁 얼어붙거나 걸어서 출 퇴근을 했고 일요일도 거의 쉬는 날 없이 열심히 일을 했다. 걸어가는데 어느 지점은 몇 시에 통과하고 어느 지점은 몇 분, 회사정문에는 몇 시, 그것은 바로 그 장소가 정확한 시간이었다.

회사 사장님은 6개월 만에 말단 포장 공으로 들어간 나를 수출과장 겸 자재과장, 게다가 총무과장까지 시켜주며 1년 후에는 사장님 상무님 다음 서열로 승진을 시켜주셨으며 월급도 남부럽지 않게 지불해 주셨다.

그제야 내 가슴을, 내 눈을 찢어대던 새소리는 아름답고 고운 소리로 변해주었고 또한 남편이 재기의 발판을 이루자 아내는 새를 몽땅 도매상에게 넘기고 말았다.

그때가 내 나이 36세, 지금 생각하면 아주 젊었을 때 같지만 벌써 햇수로는 32년 전 옛날이야기인데 아직도 그때 그 새소리를 잊지 못하는 것은 어인 일일까. 얼마나 가슴깊이 각인되었으면 그럴까. 지금 생각해도 연민의 정을 느끼게 하는 그때 내 모습이다.

첫 시집에 게재했던 시를 찾아 들여다 본다.

새소리

아내는 새를 길렀네
어쩌다 내가 새장에 들어가면
새들은 소리소리 질러댔네

꼴도 보기 싫다
소리소리 질러댔네
칼끝처럼 매섭게 가슴을 도려냈네

그러나
아내가 새장에 들어갈 때
밖에서 엿들어보면

새들은 슬피 우는 것이었네
아내를 위로해주는
노래였네

새들은
내가 저지른 일들을
알고 있었던 것이네

손가방 네 개와의 대화

내 서재 문을 열고 들어서면 맞은편 책장 위에 포개어 놓여진 4개의 손가방들이 있다. 원래는 5개였는데 하나는 내 사업을 이어 운영하고 있는 큰아들이 가져가 사용하고 있어 지금은 4개만이 놓여 있다. 색깔은 한 개만이 밤색이고 다들 검정색이고 어떤 가방 손잡이에는 스티커가 아직도 부쳐져있다. 저 가방들 나이는 적어도 20살에서 30살은 되었는데도 아직도 멀쩡하다. 30년 간을 외국출장을 다니면서 고락을 함께 했고 지금은 내가 이렇게 쉬고 있으니 저 가방들도 모든 것을 체념하고 저렇게 내 신세처럼 먼지를 뒤집어쓰고 쉬고 있는 것이다. 옛날 함께 출장을 다닐 때는 내 비서 노릇도 하고 베개 노릇도 하며 그 속에는 귀중한 서류로 가득 채워져 있었으나 이제는 내가 모든 욕심 다 버리고 마음을 비워놓고 있으니 저 가방들도 나를 따라 가방 속 모든 것 털어

버리고 저렇게 먼지를 뒤집어쓰고 그저 이따금 서로 눈길 마주칠 때나 지난날 출장 다니던 어렴풋한 추억들에 잠기고는 한다.

몇 달 동안 다른 일에 몰두하여 쳐다보지도 못한 가방들을 오늘 모처럼 서재로 들어와 책장 속에서 지난해 출간한 시집을 꺼내다가 책장머리 위에 가지런히 놓여있는 가방들과 눈이 마주쳤다, 가방들이 나를 보며 원망을 한다. 옛날 그리도 꼭잡아주고 해외출장 때마다 애지중지 아껴주더니 이제는 별 볼일 없다고 이렇게 내팽개쳐 버리고 먼지만 잔뜩 쌓이게 할 수가 있느냐. 옛날 나누던 정이 눈곱만치라도 남아있으면 씻어주며 정다운 말 한마디라도 나누어줘야 하지 않겠느냐. 이심전심으로 내 마음도 가방들의 가여운 푸념에 동감이라도 되었는가 보다. 나는 네 개의 가방들을 오랜만에 내려놓고 하나씩 먼지를 닦아주며 그들의 푸념을 차례대로 들어준다.

우선 첫째가방을 꺼내 먼지를 닦아주니 푸념을 늘어놓는다.

〈참 너무 오랜만에 손길 주시네요. 벌써 36년 전이었지요. 나를 꼭 잡고 동경거리를 거닐다 어느 공원에 가서 연못 옆 넓은 들을 잔뜩 메운 튤립 꽃을 구경하고 나서 호텔로 들어가 쉬고 있을 때 그 무서운 강진으로 침대며 문짝이 흔들렸을 때 주인님은 나를 꼭 껴안고 침대 밑으로 들어가 무서워 벌벌 떨었지요. 그때가 기억나시나요. 주인께서는 말씀하셨지요. 지진 없는 우리나라가 제일이라고요.〉

둘째가방에게 네 차례이니 말해보아라 눈짓하니 이 가방이 말해주기를,

〈당신이 저의 주인 되신 지도 어느새 26년 전이지요. 그때 아일랜드라는 나라로 출장을 오시어 바이어들과 함께 그 나라 남쪽 어느 항구로 오셔서 나를 기념품으로 선택해 무릎에 앉혀주시고 다시 그 나라 수도 더블린으로 돌아오실 때 기억하시나요. 그 끝없이 넓은 초원 위에 하얀 구름처럼 뛰놀던 양떼들의 모습을. 그 평화로운 양떼들의 천국을 보시고 말씀하셨지요. 아 저래서 그 〈아 목동들의 목장노래〉가 이 나라에서 생겼구나 하고 말씀하셨지요.〉

이제 셋째가방의 먼지를 털어주며 너도 하고 싶은 말이 있으면 말해 보아라 하니 말해주기를,

〈아, 나라고 왜 하고 싶은 말이 없겠어요. 주인님 지금도 그 끔직 했던 방글라데시 홍수를 기억하시나요? 가난한 그 나라국민들의 국토와 가옥들의 80%가 물에 잠겼던 참혹했던 그때를요, 그때 공장에 두었던 모든 원단들이 물에 잠겨 5년간 이루어놓았던 노력이 물거품 되어 사무실도 폐쇄하고 귀국하는 비행기 안에서 황토물바다로 뒤덮인 그 나라 국토를 구름 아래로 내려다보시며 나를 가슴에 안고 슬픔의 눈물을 보이시던 그때 일을요. 하지만 주인께서는 아직도 그 나라 국민들을 사랑하시지요. 그리고 잊지 못하지요 벌써 17년 전 겪으신 그 일인대도요.〉

자! 마지막 네 번째 가방아! 너도 할 말 있겠지. 어디 해보아라 하며 먼지를 털어주기 시작하니 지루하게 기다렸다는 듯 말하기를,

〈나만은 토종이지요. 주인께서 캐나다 바이어 미스터티보와 이태원거리로 나와 쇼핑을 하다가 나를 선택해주셨지요. 그것도 벌써 15년 전 일이지요 마지막 출장지 파키스탄 다닐 때는 주인께서는 나만을 수행비서로 데리고 다니셨지요.〉

4개의 가방들을 오랜만에 먼지 털어주고 물걸레로 닦아주며 이심전심으로 이야기 나누고 나니 그 옛날 사업시절 그리워진다. 다시 갈 수 없는 그 세월이 새삼스레 그리워진다, 하지만 오늘처럼 저 4개의 가방이 나의 그리운 옛 사업시절 추억을 이따금이라도 되돌려주니 고맙기도 하고 사랑스럽기도 하다.

지난날 써 두었던 시를 들여다 본다

출장가방의 푸념

그렇게
턱만 괴고 쳐다보지만 말고
우리 다시 시작할 수는 없는가요

언제나 함께 출장 다니던 일들 잊었나요
슬플 땐 서로 얼굴 묻어 위로 했지요
기쁠 때는 서로 얼싸안고 춤추었지요

피곤할 때는 서로 베개도 되어주면서
당신 비서로 중요서류도 챙겨 주기도한
지나간 그 시절 잊었나요

그대 따라다니다 망가진 이 손잡이
긴 세월에 닳아버린 이 얼굴
미안한 가책도 없나요, 이 가련한 노인아

카라치 연안의 낙타

방글라데시 대홍수로 인하여 5년간 운영하던 그곳 수도 다카 사무실을 철수하고 돌아와 본사 사무실도 충무로에서 잠실로 옮기고 직원들도 반으로 줄여 근근이 명맥이나마 유지하고 있을 때 캐나다 바이어로부터 파키스탄 항구도시 카라치에 설립한 그의 공장에 봉재원부자재를 공급해달라는 요청을 받게 되었다. 그래서 이제는 방글라데시 수도 다카 대신 파키스탄의 항구도시 카라치를 한 달에 한번 꼴로 출장을 다니게 되었다.

이 항구도시 카라치는 원래 사막이었던 이곳에 새로 도시를 건설하였던 관계로 그 역사가 그리 길지는 않았고 그리하여 그곳에 출장을 가서 며칠씩 묵을 때는 관광차 돌아볼 곳이 별로 없었다. 그저 간다고 해야 회교사원들과 자그마한 박물관과 그전 수상이 살았다는 저택이었고 그리고는 사람들이 바글바글 들끓는 시장들이 몇 군데 있을 뿐이었다.

하지만 그런대로 관광객들이 많이 가는 곳은 이 카라치도시에 연해있는 홍해바닷가였는데 원래 이 나라는 회교국가라 술을 파는 음식점이란 찾아 볼 수가 없다. 벌써 10여 년 전 일이니 지금은 얼마나 변했는지는 모르겠지만 아마도 그때처럼 몇몇 고급 음식점과 그 나라 고유음식점 몇 개뿐일 거라 생각된다.

나는 지금도 이따금 그때 출장 다니던 카라치를 생각하면 제일로 기억에 남는 것은 그 바닷가 모래밭에서 관광객을 등에 태우고 정해진 코스를 터벅터벅 걸어갔다가 되돌아오던 그 낙타들이다. 손님이 오면 낙타 주인은 얼마의 요금을 받고 손님을 낙타 등에 태우고 해변을 가는데 낙타는 하도 오래되어 색깔이 발한 울긋불긋 장식들을 걸치고 있어 그 용맹스럽던 사막의 제왕 모습은 찾아볼 수 없고 관광객의 노리개가 된 것이 내 마음까지 서글프게 하였다. 나도 그때 내 차례가 돌아와 낙타 주인이 시키는 대로 낙타 등에 올라탔는데 엎드리고 있던 낙타가 일어날 때 어찌나 높이 올라가는지, 낙타 다리가 그리도 긴 것이었는지 놀라지 않을 수 없었다. 물론 생전 처음 타보는 낙타라 그랬겠지만 도대체 드넓은 사막을 질풍처럼 달리며 싸우던 사막의 용사들은 이 낙타와 어떻게 한 몸 되어 사막의 역사를 이룩했는가 하고 궁금하기도 했다.

그러나 현대는 사막에도 자동차며 탱크도 달리는 시대이다. 낙타들의 전성기는 날이 갈수록 쇠퇴해가며 이제는 주로 유목민들의 낙타 젖과 고기로 제공되며 거상들의 운반도구나 사막전에서의 말의 역할보다는 식수 운반 같은 도구로 이용되고 있는 것이다. 홍해바닷가의 덩치 큰 낙타여! 그래도 그대는 바다 곁에 살면서 네 주인이 항상 먹이를 챙겨주지 않느냐! 먼 거리의 식수운반을 하느니 차라리 관광객의 노리개가 좋을지도 모르겠구나.

여기에 그때 써 놓았던 졸시 한 편이 생각난다.

카라치 연안의 낙타

울긋불긋 낡은 장식 안장 위에
손님 한 분 태우고 고삐 끌리어
파도 밀리며 씻기는 바닷가를
터벅터벅 걷는 너의 지친걸음
슬프구나 너무나도

정해진 코스를 잘도 돌면서
너의 그 긴 목을 더 늘리어
수평선 너머 네 고향 꿈꾸며
터벅터벅 걷는 네 큰 눈망울
슬프구나 너무나도

박제剝製 거북이

나의 집 마루 벽에는 박제거북이 한 마리가 걸려 있다. 벽 높이 걸려있는 거북이 등 가운데에는 해 모양이 자리 잡고 있고 그 해를 중심으로 퍼져 나가는 해무늬를 온몸에 걸치고 있다.

이 박제거북이는 방콕 어느 호텔매점에서 구입한 것인데 30여 년 전 그때만 하더라도 내가 파키스탄이나 방글라데시로 출장 다닐 때는 서울부터 그곳까지 직행항공편이 없어서 꼭 방콕에서 하루 밤을 자고 그 다음날에야 다른 비행기로 갈 수 있었다. 그날도 그래서 방콕에서 내려 예약된 투숙호텔에서 무료한 시간을 보낼 겸 지하매점들을 둘러보다가 어느 매점에서 이 거북이를 보게 된 것이다. 마침 이 상점주인은 한국 사람이었다. 그때만 하더라도 비행기 안에서나 외국에서 한국사람 보기가 그리 쉽지 않았던 시절이었던 터라 매우 반가웠던 것이다.

그 매점에 걸려있는 박제거북이를 내가 관심 있게 바라보고 있는 걸 눈치 챈 그 매점주인은 진열장에서 그 거북이를 꺼내들고 나에게 보여주며 설명을 해 주기를 〈이 거북이 등의 해와 해 무리를 보세요. 집에다 갖다 놓으면 운수 대통하실 겁니다.〉 라고 하기에 내 사업이 잘되기를 바라는 마음에서 구입했던 것이다.

박제 거북이를 벽 오른 쪽에 걸어 놓고 지내다보니 거북이 혼자서 외로울 것 같은 생각이 들기 시작했다. 그러던 어느 날 파키스탄 출장 중일 때 카라치 시장을 구경하다가 나무로 깎아 다듬어 만든 목각 물소를 발견했다. 물소의 두 뿔이 양쪽으로 동그랗게 뻗어 끝이 한데로 모이는 형상이고 이 또한 벽에 걸어두게 만든 것이고 또 크기도 박제거북이와 비슷하기에 사다가 박제거북이 왼편에다 걸어주게 되었다.

이렇게 해서 나의 박제거북이는 목각물소 친구를 옆에 두고 30여 년이라는 긴 세월을 함께하면서 아침 조간신문을 읽을 때나 커피한잔을 마실 때나 그 언제나 나와 함께 지내오면서 나로 하여금 사업하던 그 시절의 방글라데시와 파키스탄 공장 사람들과 내가 대동하고 다녔던 여러 나라 바이어들과의 여러 추억도 불러주곤 하여온 것이다.

그런데 내 딴에는 저 혼자 외로울까 측은해서 제 친구하나 데려다 옆에 나란히 걸어 주었는데도 아직도 나의 마음을 편치 못하게하는 것은 벽에서 목각물소는 그래도 나를 내려다보아 주는데 저 박제거북이는 아직도 마루천장을 바다로 알고 마루 벽을 바닷가 모래밭으로 아는지, 그 천장만 오르면 제 고향 태국 어느 바다에라도 이룰 줄 아는지 그리고 아직도 제가 살아 있는 줄이라도 알고 있는지 반질반질한 등의 해와 해 무리를 나에게 보여주면서 천정만 올려다보며 기어오르고 있는 것이다. 어떤 때는 놈을 데려다 놈의 고향 바다에 데려다 풍덩 떨어트려주고 싶은 생각도 들었고 또 어떤 때는 도대체 이 거북이와 나는 전생에 무슨 인연이 있기에 죽어 박제가 되어 나에게 팔려와 이토록 오래 함께 지낼까하고 그 인연의 실체를 풀려 엉뚱한 상념에 잠기고는 했던 것이다.

내가 이토록 이 박제거북이에 대하여 과민한 연민의 정을 느끼고 있는 이유는 거북이들이 살고 있는 곳이 얼마나 천국 같다는 걸 내 이 두 눈으로 직접 보았기 때문이다. 그곳은 바로 사이판 어느 까마득한 절벽아래 남태평양의 파도란 파도가 다 모여든 듯 그 까마득한 절벽 허리 위까지 솟구쳐 올라 뇌성벽력雷聲霹靂같은 소리를 지르며 파도치는 그 무서운 물결 속에서도 조금도 아랑곳하지 않고 유유히 둥실둥실 물놀이하는 거북이들을 보았기 때문인 것이다. 사이판에 가서 살고 있는 내 막내 동생 내외의 초대로 여행을 가서 매제와 함께 낚시터에 갔다가 하도 높은 절벽이라 무서워 엉금엉금 기어 까마득한 절벽 아래를 내려다 보게 된 것이며 그곳이야 말로 거북이의 천국이라 믿게 되었으며 그로인한 박제거북이에 대한 깊은 연민의 정을 느끼게 된 것이다.

하지만 어쩌겠느냐! 거북아! 너와 나의 운명은 이미 마지막까지 이리 서로 위로하며 함께 할 운명인 것을!

나의 첫 시집〈인생의 주름에 접혀진 꽃잎들〉에 게재된 시다.

박제 거북이

이제 마음을 비울 수 없느냐
내가 이 자리를 만족하며
너랑 머무는 것처럼

오늘도 잔등의 해 무리 밝히고
모가지 길게 기일게 늘이면서
발톱이 다 닳도록 기어오르느냐

그런다고 옛날로 되돌아가
네 고향 푸른 바다 넘실대는 파도에서
널이라도 뛸 수 있단 말이냐

천년을 산다는 너 어이하여
박제되어 내 응접실 벽에 와 걸려
하루에도 몇 번이고 애타게 하느냐

거북아 이제 마음을 비울 수 없느냐
내가 이 자리에 만족하며
머무는 것처럼

홍해바다 파도여 안녕

비록 서운하고 아쉬운 이별이었지만 그곳 카라치를 떠난 지도 6년 세월이 지나가니 그때 서운하고 아쉬웠던 그 마음은 씻은 듯이 사라지고 그리움으로 변했다. 5년 세월, 그다지 짧은 세월이라고는 할 수 없는 그 세월은 미운 정 고운 정 서로 주고받으며 거래를 해 오다가 그 이상의 거래를 중단하고 서울로 오기 전날 저녁 그 공장 책임자들 5명은 나를 카라치 연안 홍해바닷가 중국음식점으로 초대를 했다. 그 음식점 앞으로는 바닷가 도로였으나 뒤편은 모래밭이었으며 파도는 바로 식탁에 자리 잡은 우리들 발 근처까지 밀려왔다가 다시 밀려가곤 했으며 그날 저녁 따라 바람이 몹시 불어와 파도소리를 크게 했다. 이슥고 해는 지고 멀리 보이던 수평선도 깜깜한 어둠속에 잠겼을 때 음식점 전등으로 보여주는, 계속 밀려오는 그 파도의 모습과 우리의 아쉬운 이별의 대화도 막아주던 그 바람소리가 지금도 눈에 선하고 귀에 들리는 듯하다. 그때 깜깜하던 바다는 내 앞날 같았고 바람과 파도는 내 아픈 가슴 같았다.

6년이라는 세월이 지난 지금 그 공장은 어찌되었을까. 2천 명이 넘는 종업원으로 분주하던 그 공장 사장과 그의 파트너 캐나다 바이어들은 어찌 되었을까. 원래 처음에는 캐나다 바이어들은 주문을 책임지고 나는 원부자재의 공급과 기술진을 수십 명을 보내는 책임을 지고 현지사장은 생산을 책임지기로 하고 착수를 했으나 6년간의 세월에 현지 사장은 자신도 해외주문을 직접 받을 수 있게 되었고 원부자재도 직접 구입하는 길도 열었고 기술도 모두 습득하여 이제는 캐나다 바이어와 내가 필요 없게 되니 자동적으로 우선 나를 제거하였고 후에 캐나다 친구를 제거하였다고 하는데 나야 별 손해 본건 없지만 공장의 모든 공정을 컴퓨터로 바꾸고 냉방장치와 많은 돈을 투자한 캐나다 바이어는 재기불능의 지경에 떨어졌는지 그렇지 않으면 다시 재기의 발판을 세웠는지 알 수가 없다.

그날 저녁 환송의 저녁 초대를 해준 공장친구들이 나에게 자기네 사장이 제시한 가격으로 계속 거래를 하자는 따뜻한 위로의 말에 서울에 가서 생각해보고 연락을 해주겠다고 하면서도 나는 불빛에 밀려오는 파도를 바라보며, 세찬 바람을 얼굴로 맞으며 내 지금의 역경도 저 파도와 바람처럼 곧 잔잔해지리라 하는 신념에 새로운 용기를 갖게 된 것이다. 이익이 없는 가격으로 제시한 그들 사장의 마음을 왜 내가 모르겠는가. 버릴 것은 미련 없이 버리기로 작심한 나의 결단은 확고했던 것이다.

하지만 나를 초대해준 친구들이여! 나는 아직도 그대들 그리워 한다네. 전등불빛 받으며 밀려오던 홍해바다 파도여! 바람이여! 나는 아직도 그대들 잊지 못한다네

그때 써 놓았던 졸시를 들여다 본다.

거래 중단

내일 떠날 나를 위해
카라치 연안 음식점에 초대해준
그대들이여 고맙네

가격을 내려주고 거래 계속하자는
그대들의 마음은 고맙지만은
그리할 수는 없다네

서로의 생존을 위한
냉정한 결정 어찌 원망하겠나
10여 년간 거래를 중단하는 마음
그 오죽하겠느냐만

하지만
세차게 불어오는 저 바닷바람과
무섭게 밀려오는 저 파도도
내일이면 또 잠잠해질 걸세

이곳 카라치에는 다시 오긴 어렵겠지만
오늘 그대들의 따뜻한 저녁초대는
오래도록 잊지 않겠네

흘러간 파트너들

40년 동안 섬유수출 무역업, 스웨터공장, 에이전트를 운영하면서 물론 그 40년 안에는 10년이라는 세월은 다른 회사 직원으로 종사한 기간도 포함되어 있지만 수많은 바이어들과의 거래가 있었음은 두말 할 필요가 없다. 그런데 참으로 이상한 것은 그 오랜 세월 그 많은 바이어들과 거래를 했건만 그 수많은 바이어들은 흘러간 세월 속으로 흘러가 버리고 현재까지 교신이라든가 연락을 주고받는 바이어는 오직 한 군데 지금도 거래하고 있는 한 곳 사장과 직원들 뿐 이라는 점이다.

그래서 이따금 별별 생각을 다해 본다. 사업에는 인간관계란 성립될 수 없는 건가. 비즈니스는 금전의 이득손실로 끝날 뿐 그 어떤 우정이라는 것은 존재할 수 없다는 것인가. 장사꾼이 시나 예술을 하기 힘든 것같이 사업은 사업으로 끝나기 마련인 것인가.

손익개념에는 사랑과 우정이 존재할 수 없다는 말인가. 그래서 상업에는 상도라는 것이 특별이 존재하여 이 상도를 지킴으로써 승패가 결정된다는 것인가. 그렇다면 상도란 무엇인가 하고 별별 생각에 잠겨보기도 하는 것이다.

하지만 그 수많은 바이어들이 흘러간 세월 속으로 사라져갔지만, 비록 그들은 모두 나를 잊어버렸을지 모르지만 그래도 인품과 철학과 정을 갖고 나를 대해주었던 몇몇 바이어들을 나는 아직도 잊지 못하고 그리워하고 있다. 비록 그 수는 불과 네 다섯 분에 지나지 않지만 그들은 내가 가장 어려웠을 때 좋은 격려의 말을 들려준 것이다.

캐나다바이어 미스터 잘라콤은 내가 회사 그만두려한다 했더니 〈굴러가던 바퀴는 꼭 굴려야한다〉 라고 격려를 해주었고 미스터 에밀샤미는 내가 직원 수를 반으로 줄이고 일하게 되었다 했더니 그는 그의 특유의 인자한 미소를 띠우며 〈그대는 이제서야 독립을 했구나〉 라고 말하며 오더를 계속 밀어주었고 털보 미스터 고디는 회사 문 닫는다는 말을 듣고 〈문 닫지 마라 내가 원부자재 오다 다 밀어줄게〉 하고 곤경에 빠졌던 나를 도와 오랜만에 돈도 벌게 해 주었던 것이다. 그리고 또 한 분 잊을 수 없는 고마운 바이어는 아일랜드의 미스터 교인데 내 아내가 운영하던 스웨터공장이 곤경에 빠진걸 알면서도 큰 오더를 주고 신용장까지 개설해 주어 어려운 고비를 넘긴 일이 있었던 것이다.

〈굴러가던 바퀴는 꼭 굴려야한다〉 며 격려해주던 미스터 잘라콤은 그 후 5년간 소식이 없더니 나를 찾아와 또다시 거래를 시작하여 현재에 이르러서도 오더는 계속 되어 나로 하여금 내 나이 66세인 지금까지도 놀지 않고 일할 수 있게 해주어 주변 친지들이나 친구들의 부러움을 사게 하고 있는 것이다. 주변 사람들은 나에게 말해준다. 내가 그들에게 상도를 지켜 오로지 정직함을 보여주었기 때문에 그들도 나를 굳게 믿고 밀어준 것이라고. 그들도 나로 인하여 이득을 보았고 나로 인하여 그 어떤 위험도 느끼고 받아본 적이 없기에 그리 된 것이니 역시 믿음과 신용도 기업운영에 제일가는 덕목이 아니겠냐고. 그리고 사업하면서 바이어들로부터 받은 별명이 미스터 붓다였으니 그 별명이 다 말해주는 게 아니겠냐고.

나의 첫 시집 〈인생의 주름에 접혀진 꽃잎〉에 게재했던 시를 새삼 들여다 본다.

아일랜드 신사 미스터 교

다정했던 미스터 교
지금은 어디에서 파이프 연기로
그 동그라미 띄어 올리고 있나요

항상 파이프 담배 입에 물고
유난히도 그대 나라 사랑하던
미스터 교

술좌석에서는 늘 〈아 목동의 노래〉
그대 나라 민요만
부르고

초원의 흰 구름 양떼들 보러 오라며
파이프연기로 동그라미 띄어
올리곤 하던 그대여

다들 외면하고 거들떠도 안 볼 때
내 어려운 처지 알면서도
신용장 보내주어

결정적인 도움 주고도 소식 끊겨진
아일랜드 나라 신사 사장
다정했던 그대여

지금은 그대 사랑하는 조국 어느 곳
흰 구름 같은 양떼 옆에서 파이프로
동그라미 띄어 올리고 있나요

방콕 공항

태국 수도 방콕처럼 수없이 드나든 외국도시도 없을 뿐 아니라 방콕처럼 그 도시 주변 한 번 구경 못한 곳도 없다. 내가 방글라데시 다카에 사무실을 운영하고 있을 때나 파키스탄 카라치에 있는 공장들에게 원부자재를 공급하고 있을 때만 하더라도 서울서 직접 가는 비행기 편이 없어 꼭 방콕에서 하룻밤을 묵고가야 했었기 때문에 그렇게 수많이 드나들게 되었고 또 워낙 바쁜 일정들이었고 또한 혼자서 무슨 관광이라도 할 마음의 여유조차 없었기에 이렇다 할 관광 한 번 못하고 그저 정해진 호텔로 가서 피곤한 몸을 침대에 누었다가 허겁지겁 또 비행장으로 나가 비행기를 타고는 했던 것이다. 거의 10년 동안을 그렇게 반복된 출장을 이행했으니 어찌 보면 나는 업무밖에 모르는 그런 인간이었거나 그렇지 않으면 그만큼 관광을 해 볼 마음의 여유가 없었던 것이었는지도 모르겠다.

그러나 또한 방콕 공항과 정해진 방콕 호텔처럼 나로 하여금 많은 시간을 나 자신에 대해 깊이 생각하게 한 곳도 없다. 한 두어 시간 공항에서 비행기를 기다릴 때면 이리 밀리고 저리 밀리는 여행객들을 구경하며 나의 처지를 생각했고 호텔에서는 가지고 다니는 위스키에 얼음을 타 마시며 거울 속 초췌한 자신의 모습과 대화를 나누곤 했던 것이다. 한 두어 시간 거울속의 자신과 대화를 나누다 보면 어느새 잠에 떨어졌고 깨어나면 공항으로 나갈 시간이 되고는 했던 것이다. 정해진 시간에 공항으로 달리는 나의 마음은 밤새 새로운 충전이 되어 활력이 넘쳐 흐르기도 했던 것이다.

어찌 보면 그때 나의 그렇듯 일밖에 모르고 뛰었던 그 열정이 오늘의 나를 이만큼이라도 이루어 주었는지도 모르겠다. 그때 거울 속 나를 대하며 대작하며 격려를 하고 좌절로부터의 희망을 역설하고 슬픈 얼굴을 어루만져 주며 자신을 사랑해준 것이 바로 오늘의 나를 비록 요란스럽지는 못할망정 그런대로 내 인생의 평년작인 나를 이 자리에 서게 해주었는지도 모르겠다.

그리 생각하고 보니 이제야 방콕이야말로 내가 가장 사랑하는 도시임을 인정할 수 있겠다. 그때 거울에 마주했던 50대의 초췌한 얼굴이 그리워진다. 이제 그곳 호텔에 가서 얼굴을 비추어보면 지금 이 70세 가까운 얼굴이 그때의 얼굴로 되돌아 갈리는 없지 않는가. 내후년이 내 나이 7순이 되니 칠순기념여행으로 아내와 함께 내 사랑하는 방콕에나 다녀올까 생각 좀 해봐야겠다. 가서 그때 못 가 본 관광지를 아내에게 보여주며 옛날이야기나 거울의 그때 나처럼 아내와 나누어 봐야겠다.

나의 첫 시집 〈인생의 주름에 접혀진 꽃잎들〉에 게재된 시 〈방콕 공항〉을 들여다본다.

방콕 공항

방콕 공항은
하룻밤 쉬어가는
주막집 길목이었네

주막집에서 하룻밤 묵어야
다카 사무실로 가는 비행기나
카라치로 가는 비행기
갈아 탈수 있었기 때문이었네

그 긴 세월 걸쳐
수없이 드나든 그 주막집은
눈만 부쳤다 아침엔 떠나야 했네

방콕 시내 주막에서
나를 기다려주는 건
언제나 거울 속의 나뿐

함께 술잔 나누던 거울 속의 나여
갈 때의 초조와 긴장 서로 격려하고
올 때의 실망과 피로 서로 위로하며
그렇게 오랜 세월 함께 한 그대여

방콕 공항은 그래서
거울 속의 나를 만나러 가는
길목이기도 했다네

모형模型 요트

나의 책상모서리에는 스테인 모형요트가 하나 놓여있다. 이 모형요트는 조금만 건드려도 쨍그랑 소리를 내며 쓰러진다. 어쩌다가 서류를 정리하거나 또는 무심결에 책을 옮기다가 건드리기라도 하면 어김없이 쨍그랑 소리를 내며 쓰러진다. 그러면 나는 깜짝 놀라 다시 조심스럽게 세워 놓는다. 그러면서도 나는 다른 책장 속이나 서랍 속으로 옮겨 넣지를 않고 그대로 그 자리에 놓아두는 것이다. 그러기를 벌써 18년째나 된다. 강산도 10년이면 변한다 하는데, 그렇다면 거의 두 번이나 강산이 변한다는 그 긴 세월에 어찌하여 그렇게 변함없이 책상 모서리에 놓고 쓰러지면 깜짝 놀라 세워주고를 되풀이하고 있는 걸까. 왜 그럴까. 생명도 없는 이 스테인 모형요트가 쓰러진다고 깜짝 놀라긴 왜 놀라며 일으켜 세우긴 뭐 할 일 없다고 그런 행동을 되풀이한단 말인가.

이 모형요트는 캐나다에 살고 있는 바이어 미스터 샤미라로 부터 받은 선물이다. 나와는 오랫동안 거래를 한 바이어였는데 그는 신사중의 신사였다. 캐나다에 가게 되면 그의 집에 들르곤 했는데 아주 큰 저택에 살고 있었으며 그의 부인과 자녀들도 나에게 매우 친근하게 대해주었다. 그의 집 앞마당에는 큰 수영장도 있었으며 성공한 사업가였으나 매우 검소한 마음과 생활을 하고 있었다. 이 미스터샤미가 어느 해 가을 한국을 방문하여 나의 사무실에서 상담을 하게 되었는데 그가 그 전 해에 방문 했을 때는 나의 사무실은 서울시내 큰 빌딩에 큰 사무실을 임대하여 사용하고 있었으며 직원도 많이 채용하여 운영하고 있었으나 그간 나의사업이 여의치 않게 되어 변두리로 나가 조그만 사무실을 임차하고 직원도 거의 다 내보내고 있던 바로 그 즈음 그가 새로 이사한 초라한 나의 사무실로 찾아와 주었던 것이다

그간 나의 처지를 듣고 난 미스터 샤미는 갑자기 자기 가방 속에서 뭔가를 꺼내어 나에게 건네주며 선물이니 받으라 하는 것이었다. 바로 그 선물이 오래도록 내 책상 위에 놓여있는 이 스테인 모형 요트인 것이다. 내가 그 오랜 세월 이 모형요트를 소중하게 여겨오는 그 이유는 그때 미스터 샤미가 모형요트를 건네주며 들려준 말이었던 것이니 바로 〈미스터 문 나도 이 모형 요트처럼 몇 번을 넘어졌다네. 그래도 다시 일어났네. 미스터 문은 이제야 독립한 것이네〉라는 따스한 격려의 말 뿐만 아니라 오더도 끊이지 않고 주었던 것이다.

이 모형 요트가 쨍그랑 소리내며 쓰러지면 〈너 정신 차려라〉 하는 미스터 샤미의 꾸중소리로 들려 즉시 내 주변 상황을 정리하

고 살피고 마음 또한 조용히 가다듬어보게 된 것이다. 이 모형요트 선물을 받아 책상위에 놓고부터 나의 사업은 별다른 굴곡 없이 순탄하게 운영이 되었고 결국 돈도 좀 벌어 지금 노년을 아무런 걱정 없이 지낼 수 있는 이 건물도 짓게 된 것이다. 그리고 환갑나이부터는 평생 운영해오던 사업도 아들들에게 인계하고 시문학에 정진하고 있는 것이다.

나의 첫 시집 〈인생의 주름에 접혀진 꽃잎들〉에 게재한 시를 들여다본다.

모형模型 요트

캐나다의 노신사 미스터 샤미여
그대 나 한때 어려웠을 때
찾아와 선물하고 간
스테인 모형요트

아직도 내 책상 위에서
길고긴 20여 년간이나
파도도 일지 않는데
쓰러지오 전복하오

짱 소리 내고 쓰러지면
얼떨결에도 깜짝 놀라
얼른 다시 세워 놓는 것은

자빠지기 전에

정신차려야 한다는 그대 말
아직도 잊지 않고
시늉이라도 하려는 것이요

5일 장터

지금도 이따금 농장에 필요한 농기구나 씨앗을 사러가게 되면 그 옛날 내 젊은 시절 집도 절도 없이 되어 스웨터 보따리를 등에 지고 5일 장터를 떠돌던 생각이 나 눈시울이 뜨거워짐을 느낀다.

대학 3년 때 군대생활도 마치고 나이 27세에 대학을 졸업하고 그 당시 남들이 다 부러워하던 무역회사에 입사하여 섬유수출과에 발령받아 일하던 중 나이 30세 되던 해 그 회사방계회사인 스웨터공장 동진공업사 대표직에 발령받으며 승승장구하더니만, 그 누가 알았겠는가, 그 큰 재벌회사가 부정축재로 걸려 회사전체가 문 닫게 될 줄을! 더구나 그 공장은 독립채산제로 운영되었으며 내 집도 담보로 들어가 운영자금으로 융자를 받아쓰고 있던 중이라 하루아침에 집도 날리고 빚쟁이로 몰리어 버렸던 것이다.

나는 지금도 이해할 수가 없다. 내 나이 30세 되던 그때 그것도 무역회사에 입사하여 근무한 지 겨우 3년밖에 안 되는 나에게 어찌 200여 명의 종업원을 두고 있는 그 회사 대표직을 맡겼냐 하는 점이다. 비록 상경대학을 졸업했다고는 하나 기업경영의 경험도 전무하고 경륜도 전연 모자랄 수밖에 없는 그리 젊었던 나에게 어찌 그 회사 대표직을 맡겼단 말인가. 지금 돌이켜 생각해보면 그때 나이 30에 뭘 알았겠는가. 새파란 나이에 사장소리 들으니 잘난 줄만 알았겠지. 불과 그로부터 3년 후 내 나이 겨우 33세 되던 해 쪽박 찰 신세 될 줄이야 어찌 알았겠는가. 스웨터뭉치 등에 메고 오늘은 이 장터 내일은 저 장터로 전전하며 인생의 쓴 맛 보게 될 줄 어찌 알 수 있었겠나.

그로부터 어느새 반백 년이라는 세월을 보내고 난 지금도 그때 이 장터 저 장터 떠돌던 일들을 생각하면 그때 그 젊은 33세 젊은이였던 내가 가련하기가 짝이 없다.

어느 비 내리는 날 그 비 다 맞으며 고향 근처 강 건너 장터에 갔다 되돌아오는 길에 그 강다리에서 눈물 쏟을 때 마침 아버지께서 〈이 강다리에서 멀지 않은 곳에 우리조상님들의 선영이 있다〉고 하시던 말씀이 생각나 〈조상님들 도와주십시오. 도와주시면 꼭 문중을 위해 좋은 일을 하겠습니다.〉하고 흘러가는 강물에 간절히 빌고 빌었던 생각도 난다.

또 한 가지 잊히지 않는 기억은 어느 겨울 영하 20도가 넘는 추운 날 새벽에 횡성장터에 도착하여 꽁꽁 얼어붙은 몸을 막걸리한 사발로 녹이지 못하고 허옇게 성에 낀 유리창으로 주막안의 무럭무럭 김나는 돼지고기 썰고 있는 주모의 모습을 들여다보며 군침을 삼키던 나의 처량하던 모습이다.

하지만 무엇보다 내 가슴을 아프게 하는 것은 나의 부모님에 대한 나의 불효였고 아내와 자식들에 대한 미안함이었다. 못난 자식 때문에 집도 잃으신 아버님 상심케 해드려 중풍까지 들게 하는 불효를 저지르게 되었고 결국 중풍 드신 아버님의 간곡하신 권유에 따라 큰 회사 사장의 위신이고 뭐고 다 팽개쳐버리고 다른 회사 말단직원으로 들어가게 되었는데 소개해준 분은 큰 에이전트 사장님으로 전 무역회사 나의 과장으로 계시던 분이고 나와는 같은 대학 2년 선배이기도 한데 처음 사무실로 찾아가 취직을 부탁했더니 막노동인 수출품 포장작업도 하겠느냐 물어보기에 기꺼이 하겠다고 대답했다. 그래 첫날 회사출근을 했더니 웬걸 나를 자재과장으로 발령을 내주었고 일을 열심히 하여 유아용 스웨터 큰 수출물량 주문을 받아 회사에 큰 이익을 제공하니 수출과장까지 겸임발령을 받게 된 것이다. 이로서 나는 이 회사에서 생활의 안정을 되찾았고 재기의 발판을 잡기 시작하여 그로부터 5년 후에는 나의 회사 선일무역주식회사를 설립하게 된 것이다.

지금도 그때를 생각하면 나이 30대에 물불가리지 않고 겁 없이 천방지축 뛰어다니던 나의 모습이 부끄럽기도 하고 또 한편 대견스럽기도 하다. 젊어 고생은 사서도 한다는 옛말이 맞는 말인지도 모르겠다. 원래 성격이 고지식해서 사업과는 거리가 먼 내가 그래도 몇 년이면 70으로 오르는 나이인 지금까지도 그때 하던 섬유사업을 아직도 하고 있는 것은 그나마 그 젊은 시절 파산을 당하여 5일 장터를 전전하며 피눈물을 흘려본 그때 그 마음고생이 가슴깊이 각인되어 나를 지켜준 덕인지도 모르겠다.

5일 장터 떠돌던 중 비 맞으며 고향근처 강다리건널 때 흘러가는 강물 위에 눈물 떨어트리며 조상님께 도와주옵소서 빌며 조상님께 약속드린 대로 나는 그 후 문중족보를 발간했고 문중 일에는 적극적으로 참여해 오고 있으며 오늘의 나를 있게 해주신 조상님들의 음덕에 감사하며 지내고 있는 것이다.

나의 첫 시집에 게재한 시를 들여다본다.

막걸리 서러움

나는 잊을 수 없다네

그 막걸리
서러움을

얼어붙은
5일 장터 새벽 주막
성에 낀 유리창 안에는

주전자에서 걸쭉한 막걸리가
큼직한 사발에 부어져
내리고 있었고

도마 위에서는
삶은 돼지고기가
썰려지고 있었네

마수걸이는

해가 떠야 하는데
주머니는 비어 있고

아무도 올 리 없는데도
혹시나 누군가 하고
쓰린 속 달래며 두리번거리던

나는 잊을 수 없다네
그 얼어붙은 새벽 주막의
그 막걸리 서러움을

전농동 방울집

내가 결혼을 하고 아기도 태어나게 되니 종로6가집은 너무나 비좁게 되었다. 또 내가 좋은 직장에 취직도 하여 한 2년 간 저축한 돈도 있고 하여 부모님에게 집을 팔고 좀 넓은 집으로 이사를 하자고 건의를 드렸더니 허락하시었다. 나는 아내와 함께 강남으로 다니며 땅을 사서 집을 짓고자 했으나 그 당시 강남은 허허벌판에 집도 몇 채 되지 않아 결국 외가가 있는 전농동으로 가서 55평 대지를 구입하고 마침 고종사촌 매부의 형이 건물을 짓는 업자라 하여 그에게 집 건축을 맡기게 되었고 경험이 전무 했던 우리는 그에게 돈을 나누어 공사 진척에 따라 지불해야 하는 걸 그냥 달라고 하기에 전액을 지불하고 말았다. 그랬더니 웬만한 기초건물들은 다 짓고 나서 온 집안의 문짝들과 대문은 달아 주지 않고 행방을 감추어 버렸던 것이다. 세상에 태어나 성년이 되기까지 처음 당해보는 큰일이었던 것이다.

그때마침 나는 내가 다니던 회사에서 섬유수출 중 손뜨개 유아용 스웨터수출을 담당하고 있었는데 그 유아용 스웨터모자와 옷에는 방울이 달려 있었다. 나는 그 방울을 아내에게 보여주며 대량으로 만들 수 있는 방법을 생각해보라 했더니 아내는 아버님과 함께 연구하여 쉽고 싸게 만드는 방법을 알게 되었던 것이다.

이리하여 나의 미완성 이였던 집은 완성을 볼 수 있게 되었으며 그로부터 나는 이 집을 방울 집이라 부르기 시작한 것이다. 그때 아내가 만들어 보인 방울가격은 다른 방울제조업체 가격보다 30%이상 저렴했으니 그 당시 내 상관이었던 과장님도 쾌히 승낙해 주었던 것이다. 그때만 해도 나이30대로 막 올라선 아내는 물레로 실 가락을 세어 돌리거나 또는 사방모서리에 못 박은 송판에 실 가닥수를 세워 놓으면 그때만 해도 50대 초반이셨던 아버님은 금을 근 간격마다 튼튼한 면사로 꽁꽁 묶어 놓으신 뒤 묶은 실 줄을 큰 가위로 싹둑 자르시면 어머님은 큰 광주리에 넣으시고 손으로 휘휘 저으시면 동글동글 오색방울들은 태어나는 것이었다. 처음에는 그렇게 가족끼리 하다가 외국바이어들로부터 주문이 계속 많이 몰려들어 나중에는 친척들과 이웃사람들을 불러 작업을 시키느라 유리창이며 대문 없는 이 집이 난데없는 방울공장으로 탈바꿈 되어버린 것이었다. 그리하여 한 달 벌어 문 한 짝씩 달게 되어 1년 걸리니 그제야 대문과 문짝하나 없이 천으로 가리고 지내던 집이 온전한 모습으로 드러나게 되어 의젓한 대문에는 문패도 달게 되었고 어두웠던 방들도 저들마다 밝은 태양을 볼 수 있는 유리창들을 갖추게 된 것이었다.

그러나 이렇듯 시작부터 고초를 주었던 방울 집은 나에게 둘째, 셋째 그리고 막내가 되는 넷째아들을 태어나게 해준 크나큰 인연은 주었으나 오래 머물러 살 인연은 주지 못했다. 다니던 그 큰 재벌회사가 국가로부터 부정축재로 몰려 환수조처가 되어버렸고, 나또한 하루아침에 직장 잃고 집까지 날리고 빚쟁이가 되어버렸고 5일 장터 떠도는 신세가 되어버렸던 것이다. 내가 대표로 있던 스웨터 공장은 독립채산제로 되어있었기에 나는 우리가족들이 함께 살고 있던 이 방울 집을 담보로 하여 돈을 빌려 운영자금으로 쓰다가 이 방울 집까지 하루아침에 날려버리게 된 것이다.

써놓았던 시를 들여다본다.

전농동 방울집

어머니 아무래도
이 전농동 방울집과 우리 식구와는
함께 할 인연이 없었나 봐요

어찌 상상이나 했겠어요
잘나가던 이 아들 어느 날 갑자기
집 없는 5일 장터 떠돌이 신세 될 줄을

이 못난 아들
어머니의 큰며느리가 짜주는
스웨터 보따리 들고 5일 장터 떠돌았지요

하지만 어머니 이 아들

4년 만에 오뚝이처럼 일어났지요
다시 일어나 더 큰집 지어드렸지요

그간 좌절과 슬픔 잊으시라고
2층으로 지어 부모님 잃어버린 방울 집
내려다 보시게 해드렸지요

이 아들 기적 같은 재기를 이룬 힘은
6.25전쟁 그 무서운 전쟁의 참화 속에서도
어머니께서 보여주신 자식 사랑 그 힘이었지요

부평 아줌마

이 나이 되도록 잊지 못하는 아주머니 한 분이 계시다. 바로 32년 전 나에게 거금을 쥐어주신 윤제편물 여사장 부평 아주머니다. 내가 과거 모든 것 잃어버리고 말단포장공원으로 들어가 일하던 중 그전부터 알고 지내던 큰 에이전트 사무실 친구로부터 유아용 스웨터오더를 받도록 권유를 받았다. 그래 회사 상무님에게 원가계산을 첨부하여 보여드렸더니 매우 기뻐하면서 수출과장으로 발령을 내주셨다. 그러나 기업파산의 전력을 가지고 있는 나를 의심하여 나를 제쳐두고 수편물 제조원가를 사장친구들에게 의뢰하니 장당 130원으로 결정되었다. 그때 나는 몇 년간 거래를 했던 윤제편물 여사장 부평아주머니를 불러들여 사장님과 상무님에게 소개했더니 이 아주머니는 장당 103원 50전이었다. 가격의 차이가 워낙 크기에 사장님 친구들은 다들 손을 들었고 그분들은 그제야 나에게 전권을 주었고 무사히 생산 완료되어 대금결재도 받아 전액을 지불할 수 있었다. 오다 수량이 십만 매가 넘으니 회사도 큰 이익을 보았고 나또한 이 부평 아주머니 덕택으로 기업 파산전과 전력은 말끔히 씻어버리게 되었으며 또한 회사로부터 큰 신임도 받을 수 있게 된 것이다.

그로부터 한 보름이 지난 후 윤제편물 그 아주머니가 나를 찾아와 고맙다고 인사를 하고 돈 50만원을 건네주며 〈사장하던 분이 이렇게 고생을 하고 있고 또 일거리까지 챙겨주어 고맙다〉라고 하는 것이었다. 나는 오히려 아주머니가 값을 싸게 해주어 과장으로 승진도 되고 월급도 올라 아주머니에게 고맙다고 인사를 드리려던 참이었다고 극구 사양했으나 막무가내로 내 호주머니에 넣어주셨다.

그 당시 50만원이면 굉장히 큰돈이었다. 나는 그 돈에다 그간 1년 반 동안 저축했던 돈과 아내가 빌려온 돈을 합쳐 태릉근처에다 120만 원을 주고 건평 25평 정도의 새로 지은 주택을 구입하게 되었는데 그 당시만 하더라도 웬만한 가옥은 100 만 원 정도면 구입할 수 있었던 것이다.

기업이 파산 되여 집도 없이 가건물에서 살던 우리가족은 얼마나 기뻤겠는가. 부모님과 우리 두 내외 번갈아 그 새집에 가서 잠을 자기도 했다. 그런데 마침 이집을 구입하고 나자 이 못난 아들의 기업파산으로 가족 살던 집도 잃어 오갈 데 없어진 아버지께서는 빼앗긴 그 집 바로 아래 시유지 공터에 다 판자 가건물을 짓고 식구들과 지내고 계셨는데 이 시유지공터가 개인에게 불하된다는 통지가 내려 아버지께서는 기득권을 인정받아 시로부터 5년 분할

상환조건으로 불하를 받게 되었다. 그래서 구입했던 태릉 집을 복덕방에 내놓았더니 구입한지 몇 달도 안 되었는데 180여 만 원을 받을 수 있었다. 결국 나는 이 돈으로 감나무 집을 지어 그간 부모님 가슴 아프게 해드렸던 불효를 다소나마 갚아 드리게 된 것이며 가족들에게는 집 없는 설음을 씻어주게 된 것이다.

그 부평 아줌마는 여걸이었다. 남편 되시는 아저씨보다 키나 몸집도 크셨고 활달하신 성격에 남성 같았다. 그 아주머니가 운영하던 윤제편물은 부평 어느 곳에 있었는데 그 집 뒤에는 큰 교회가 있었다. 어느 날 그 아주머니는 자기가 많은 돈을 벌고 있는 것은 바로 자기 집 뒤 교회에서 자기 집을 향하여 많은 신자들이 기도를 해주는 덕이라며 여걸답게 껄껄 웃던 모습이 생각난다. 나보다는 10살 이상은 많으니 지금쯤은 80세 가까운 나이가 되었을 것이다. 그때 나를 찾아와 돈을 줄 때 〈값도 그리 싸게 해주어 손해 보시면 어쩌나 오히려 걱정 했는데요〉 했더니 〈손해를 보는 장사를 누가 해요. 10만장이 넘는 그 큰 오더라서 장당 5원씩 하청줄 때 미리 깎은 것 뿐 인 걸요〉 하며 정색을 하던 그 부평 아줌마. 지금도 생각하면 나의 큰누나같이 생각되는 그 부평 아줌마. 아주머니 지금도 복 많이 받으시면서 잘 지내고 계시겠지요.

미스터 모이얼 오는 날

막내아들과 인천공항으로 차를 몰고 가고 있다. 바다 위로 놓은 영종대교를 달리는 차창 밖으로 펼쳐지는 갯벌은 끝이 보이지 않는다. 생각해보면 젊은 시절에는 주로 직원들과 함께 김포공항으로 바이어들을 맞으며 오가더니 이 나이 들어 이제는 인천공항으로 막내아들과 함께 바이어들을 마중하러 간다는 것이 한편으로는 쑥스럽기도 하고 또 한 편으로는 대견스럽기도 하다. 거의 25년 간을 계속 거래를 유지한다는 것이 얼마나 어려운 일인가. 자기가 낳은 자식이나 형제들 간에도 어느 이권 앞에서는 틀어지기도 하는데 그 오랜 세월을 한결같은 인연을 유지하고 있으니 말이다. 더욱이 이 회사는 캐나다에서 바지공장으로는 제일 큰 회사이고 시장점유율이 17%를 넘는 회사이니 한국에서도 얼마나 많은 업자들이 그 회사의 문을 두드리겠는가. 그래도 나를 그 오랜 세월 고수하여 준다는 걸 생각하면 정말로 고마운 마음에 감동하지 않을 수 없는 것이다.

그렇다고 내가 자주 그 회사 사장을 만나러 다닌 것도 아니다. 한 20여 년 전 단 한번 방문하여 만났을 뿐 그 사장과 그의 직원들이 1년에 두 어 번 찾아 왔을 뿐이고 그 직원들도 그간 20여 년 동안 3번째 바뀌었을 뿐이다. 그 사장 직원으로 15년간은 미스터 자크라콤, 그리고 2년간을 미스터 아이반그린, 그리고 지금 인천공항으로 마중 나가는 미스터 알레인 모이얼은 이제 바뀐 지 3년째 되어가고 있는 것이다. 이렇듯 그들은 고맙게도 나를 버리지 않고 그들의 한국구매 에이전트로 나를 선택 거래를 계속해주고 있는 것은 무엇보다 그 회사 사장이 나를 굳게 믿어주기 때문인 것이다.

하기야 나는 여태껏 그 회사와 거래를 해오면서 내 욕심을 부린 적은 없었다. 약정된 최소한의 수수료를 받음에 만족하였고 여러 공장 제품관리에 최선을 다했을 뿐이었다. 그것이 그 회사 발전에도 큰 기여를 해주었을 것이고 그래서 많은 다른 한국의 업자들이 찾아가 요청을 해도 나 이외에는 받아주지 않고 나만을 그의 사업파트너로 오래도록 인정해주고 있는 것이다.

바이어와 함께 여러 대기업을 방문하여 상담을 할 때면 아들 나이 또래 과장들과 상담을 할 때는 쑥스럽고 창피한 생각이 들다가도 그 옛날 내가 그들 나이었을 때 아일랜드에서 자주 나의 사무실을 찾아주던 70대 사장 미스터 파마를 생각하게 되고 그러고 나면 그런 생각은 사라지고 진지한 상담 중개를 해주게 되는 것이다. 그리고 지금 내 나이 66세이니 나도 그 노인 나이 되려면 아직 4년은 더 남았으니 아직은 지금처럼 바이어들 마중하러 인천 공항으로 갈 수 있는 날이 그리 짧지만은 않구나 하는 엉뚱한 욕심도 부려본다.

첫눈

밤새 첫눈이 내린다고 하더니 정말 창밖에 눈이 펑펑 내린다. 마침 한밤중 잠이 깨어 눈이 내리겠다던 엊저녁 일기예보가 생각나 창문을 열고 테라스 밖을 내다보니 새벽 3시반 경인 지금 눈이 내려쌓이고 있다. 잠시 내다보던 나는 다시 창문을 닫고 누워 잠을 청한다. 그러나 잠은 오지 않고 귀는 더 예민해져가고 창밖에서 눈 내리는 소리가 사르륵 사르륵 들리는 것도 같고 환청 같기도 하다. 그리고 내려쌓이는 눈송이들이 나 들으라고 〈젊은 날 첫눈이 내리면, 더구나 오늘처럼 한밤중 이렇게 첫눈이 펑펑 내리는 걸 보면 가슴 설레며 뛰어나오던 저 노인 이제는 그런 감성도 다 메말라 버렸나 봐〉하고 저들끼리 소곤거리는 것만 같다.

첫눈이라는 그 생각에 옷을 주섬주섬 입고 베란다로 나와 테라스를 내다본다. 이미 눈송이들은 테라스 화단과 텃밭을 하얗게 덮고 있었다. 화단의 앉은뱅이 소나무며 영산홍 그리고 주목나무 잎들이나 가지들도 하얗게 이불처럼 덮고 있고 그 옆의 올망졸망 놓여있는 장독들도 동글동글 장독덮개 크기로 쌓여가고 있었다. 엊저녁 일기예보는 서울에는 3센티쯤 내리고 전국적으로 대설주의보 내린 곳도 많다고 했는데 보아하니 장독대 덮개 위에 내려쌓인 눈의 높이가 이미3센티는 되는 것 같고 하늘은 아직도 먹구름으로 가득한 걸 보니 눈 내리기는 아직 계속할 것 같다.

내리는 눈들이 또 저들끼리 빈정대며 〈그래 첫눈을 그렇게 베란다 안에서 맞아주는가요. 지난 젊은 날에는 첫눈이고 뭐고 눈이 오면 뛰쳐나와 두 팔 벌려 맞아 주더니 이젠 그 열정도 힘도 다 메말라 붙었는가보죠.〉하고 지껄이는 것 같다. 나는 또 오기라도 나는 듯 테라스로 나가 두 팔을 벌려 펑펑 내려주는 눈송이들을 얼굴로 맞아주며 〈자 다들 보거라 아직도 내 감성의 샘물은 메마르지 않았지 않느냐〉하고 마음속으로나마 소리쳐 대답해 주었다.

이렇게 해서 이해의 첫눈을 얼떨결에 맞아준 후 들어와 외투의 눈을 털고 얼굴과 머리의 눈도 씻어버리고 난후 다시 잠자리에 누워 잠을 청해본다. 그러나 웬일인지 잠이 자꾸만 나를 외면하고 이번에는 지난날 나의 추억속의 눈송이들이 집요하게 나를 물고 늘어진다. 내 나이 여섯 살 때 아버님 직장 따라 첩첩산골 고향을 떠나 멀고먼 이북 땅 청진으로 이사를 할 때 처음타보는 기차 창밖으로 흩날리던 눈송이들, 청진역에서 내려 바라본 흰 눈으로 뒤덮인 하얀 산과 들판, 그리고 아버님 직장 관사로 가는 길에 쉼 없이 내려쌓이던 눈송이들, 그래서 나 어린 그때 나는 우리식구가 눈 나라로 이사하는 줄 알았던 그 아련한 추억속의 어린아이와 눈송이세계가 눈앞에 어제처럼 나타났다 스러진다. 그리고 또 이어서 내가 한창 낚시에 열중했던 장년시절 어느 저수지로 얼음낚시 갔다가 폭설을 만나 얼음낚시구멍 뚫다가 중단하고 이미 무릎까지 쌓인 오솔길과 도랑들이 모두 눈에 뒤덮여 엉금엉금 기어서 가까스로 저수지를 벗어나 버스정거장까지 내려와 집까지 평상시에는 1시간 반 거리를 7시간이나 걸렸던 그 폭설속의 그 장년의 아쉬움이 아직도 살아 눈앞에 아른거린다.

내가 눈 내리는 정경을 보기 좋아하고 특히나 첫눈을 좋아하는 이유는 실은 다른 특별한 이유에서 잠재적으로 발생하곤 하는 것이다. 그것은 내 나이 30대 중반 사업에 실패하여 부모님 집까지 날리고 시골 5일 장터도 떠돌고 직장도 다니고 하여 4년 후에 다시 재기하여 아내 이름으로 스웨터공장을 설립한 날 저녁 아내와 내가 공장 문을 닫고 집으로 퇴근하던 바로 그때 첫눈이 펑펑 내렸던 것이다. 그때 그 펑펑 내려준 그 첫눈은 서설(瑞雪)이었던 것이다. 그때 공장이름이 무역회사 이름으로 되고 그 공장 터가 지금의 빌딩 이름으로 되고 그때 그 이름이 지금도 아들무역회사이름으로 운영 되고 있으니 그 조그만 공장 설립하던 날 내려준 그 첫눈이야말로 내 어찌 잠시인들 잊을 수가 있겠는가. 그날을 회상하며 쓴 아래의 시 한 편을 들여다본다.

서설瑞雪

서설이었네
아내와 새로 시작한 그날 저녁
펑펑 내린 눈은 서설이었네

비록 서른 평 남짓
초라한 슬레이트 지붕의 공장이지만
눈송이들은 포근하게 감싸 주었네

거북이 차량 전조등에서도
굽어내려 비춰주는 가로등에서도
서설은 현란한 춤을 추어주었네

두 번이나 파산한 미안한 마음으로
나는 아내의 손을 꼭 잡아주며
서설 속으로 들어섰네

그날 저녁 내린 그 눈은 서설이었네
그날부터 요란한 기계소리는
굵직한 동전들을 쏟아주기 시작했네

컨테이너 작업

며칠 동안 물건들이 마당 한편에 쌓여가더니만 드디어 오늘 40후타 대형컨테이너가 들어왔다. 직원들과 공장에서 협조하러온 젊은이들이 물건들을 컨테이너 속에 집어넣고 있고 환한 전등 밑에서 무역회사 사장인 나의 큰아들이 물건 뭉치 번호들을 확인하느라 목쉰 목소리로 소리 지르며 이미 쓰인 번호판에 동그라미를 치고 있다. 산더미 같은 물건들은 컨테이너 속으로 빨려 들어가며 마당 한구석을 채웠던 물건 자리는 원래의 공간을 드러내고 있다.

이제는 아들들이 이어가는 수출이행, 40여 년 간을 수출전선에서 늙어버린 나는 5층 테라스에서 내려다보고 있다. 그래도 나의 그 고통스런 지난날은 나에게 저 컨테이너 작업장을 할 수 있는 금싸라기 공간을 제공했구나 하는 뿌듯한 마음에 온몸이 평온함을 느낀다. 포천에 있는 제조공장조차 저 컨테이너 들일 공간이 없는데 이 번화한 이곳에 나는 그러한 공간을 보유하고 있다는 게 스스로 생각해도 대견스러워지는 것이다.

1964년 대학을 졸업하자마자 입사한 삼호무역 주식회사, 이 회사는 우리나라 무역초창기인 그 당시에는 무역부 직원만 해도 200여명을 거느렸던 큰 재벌회사였다. 그 당시 무역부 직원들은 회사에서 내려준 금배지를 달고 그 자긍심은 이만저만이 아니었다. 그때 입사초년생으로 임명받은 섬유수출2과, 그 임명이 내 한평생 섬유수출로 일관시킨 운명의 근간이 된 것이다. 두 번이나 사업에 실패해 고통스러움을 겪었고 그로인해 아내까지 공장운영을 20여 년이나 하게 하여 우리 두 내외의 젊은 시절과 장년시절을 눈코 뜰 새 없이 바쁜 나날로 보내게 했던 것이다.

운명의 그 길. 그 섬유수출 외길을 벗어나지 못하고 환갑나이를 맞이한 나는 그때서야 나의 제2의 인생 길, 고교 때 좋아했던 시문학의 길로 접어 든 것이다. 사업을 계속한댔자 돈 벌 자신도 없고 또 그나마 이루어놓은 재산까지 날려버리지 않는다는 보장도 없고 하여 돈에 대한 그 이상의 욕심을 버리고 시문학을 내 노년의 동반자로 삼고 지내 온 지 어느새 6년이라는 세월이 흘러 간 것이다.

환갑 나이까지 인연 맺어왔던 컨테이너, 아내는 아내의 공장에서 한 달에 한두 번 생산한 스웨터를 실어 부산으로 보내고 나는 나대로 여러 하청공장에서 생산한 갖가지 섬유수출품을 실어 부산으로 보내던 컨테이너를 오늘 모처럼 참으로 오랜만에 아들 덕으로 저 컨테이너를 내 집에서 내려다보려니 이리도 새삼 옛날 생각들이 난다.

4부

관조觀照는 지혜의 길

관조觀照는 지혜의 길

관조觀照란 대상의 본질을 주관을 떠나서 냉정하게 응시함을 뜻하며 불교에서는 참된 지혜로 개개의 사물이나 이치를 비추어 봄을 의미한다. 그러면 지혜란 무슨 의미인가. 통상적인 뜻으로는 사물의 도리나 선악 따위를 잘 분별하는 마음의 작용을 이름하며 불교에서는 미혹을 끊고 부처의 진정한 깨달음을 얻는 힘을 이르는 말이라고 한다. 또한 기독교에서는 지혜문학이라는 게 있는데 이는 구약성서 가운데의 잠언, 전도서, 욥기 및 시편의 일부를 이르는 말이라고 한다.

그런데 왜 갑자기 내가 관조이니 지혜이니 사전을 찾아보며 이 난리인가. 어머님 돌아가시고 49재齋까지만 절에 들르고 그 후로는 한 번도 발걸음 하지 않았으며 교회라고는 어린 시절 성탄절이면 동네 조무래기 친구들과 선물 받으러 몰려 간 기억밖에는 없고 대학시절 종교시간에 이따금 경청한 구약성서와 신약성서 강의를 받은 것밖에는 없는데 말이다.

내가 이러한 종교적인 언어나 철학적인 언어를 대하기 시작한 것은 환갑 나이 되던 해 40년 간 걸어오던 사업의 길을 과감히 벗어나 고교시절 좋아하던 문학의 길로 다시 접어들고 나서부터였다. 하루에 한 편씩의 글을 쓰기로 작심하고 독서메모를 해가며 지내다보니 그리된 것이다. 환갑나이 전까지는 대학교 다닐 때는 공부하랴, 졸업한 후 취직하고 다니다 독자 기업 운영하며 환갑 나이에 이르기까지는 그야말로 숨 쉴 새도 없이 바빴으니 관조니 지혜이니 그런 배부른 생각을 어찌 할 수 있었겠는가. 사업상의 생존경쟁과 가족부양 책임이행이라든가 그야말로 파도치듯 거센 사회물결 속에서 헤엄치기에도 바빴는데 어찌 그런 종교니 철학이니 하는 문턱을 엿볼 수 있었겠는가.

환갑 나이 들어 곰곰이 생각하다가 결국 사업에의 무리한 욕심을 접고 제2의 인생을 문학과 함께 하기로 작심을 하고 9년에 걸친 독서와 시 작업에 몰두하였다. 그래 칠순 나이 되기 전 해에 〈인생의 주름에 접혀진 꽃잎들〉이란 첫 시집을 328편을 수록하여 출간했다. 첫 시집을 출간하기까지 9년 동안 나에게는 알고 있는 그 어느 문인 한 분도 없었고 책 낼 생각도 없었으며 그저 고교시절 좋아했던 문학을 다시 만나 열애에 빠졌을 뿐이었는데 우연히 전철 내에서 고교시절 친구를 40년 만에 만났는데 바로 그 친구가 출판업을 하고 있다기에 내 작품들을 보여주어 나의 첫 시집이 얼굴을 내밀게 된 것이다. 시작詩作과 독서로 보낸 9년 간은 비로소 나에게 종교와 철학 그리고 자연과 인생을 돌아보며 조용히 생각하는 습관을 갖게 해주었으며 그리고 중국의 노장 철학과 불교의 선禪학의 조화로움에 큰 감명을 받기도 하며 나의 과거와 현재 그리고 미래, 우주의 신비로움과 생명의 존귀함, 자연의 위대한 섭리 등에 흠뻑 빠져 노래하고 찬양하는 마음의 새싹들이 돋아나기 시작했던 것이다.

내가 관조에 대하여 좀 더 심각하게 생각하게 된 것은 첫 시집을 발간한 다음해인 내 나이 고희 되던 2007년 1월1일부터 이제는 시작詩作은 중단하고 수필隨筆을 하루에 한 편씩 쓰기로 작심을 하고 실천하고부터였다. 아무리 문학을 좋아한다고 해도 그 어느 목적도 기대도 없이 하루에 한 편씩의 글 제목을 정하여 수필을 쓴다는 것은 매우 고통스러운 일이기도 했다. 수필쓰기를 시작하고 나서 한 6개월은 내 주변의 일들과 추억과 경험 등을 제목으로 정하여 쓰다 보니 소재의 빈곤이 시작된 것이다. 소재빈곤의 벽을 만나게 된 나는 그때부터는 글 제목을 내 마음에 맡겨 아무런 것이나 생각나는 대로 정해놓고 관조하는 습관을 갖게 되니 그때부터는 4, 5일치 제목도 미리 정할 수 있게 된 것이다.

하루에 결정된 하나의 제목은 새벽부터 농장으로 가는 차속에서나, 밭의 풀을 뽑아주거나 점심을 들 때나, 집으로 돌아오는 길에서나 집으로 돌아와 누워있을 때나 심지어 꿈속에서도 관조하는 일은 끝나지 않는다. 관조란 육안으로 하는 것이겠지만 마음의 눈으로 더 깊이 들여다 볼 수 있는 혜안慧眼이랄 수 있는 것이다. 이렇게 관조가 끝나서 글을 완성시키는 일은 단 30분이면 족한 것이다. 관조를 한다는 것은 먼지부터 태산 사이에 얼마나 많은 만물들과 상념들이 존재하는지를 깨닫고, 아울러 마음이 곧 우주임을 알고 행할 때 아무리 작은 사연과 사물이라도 빠질 수 없는 우주의 소중한 존재임을 확인하고 이행할 때 그 본래의 아름다움을 발견할 수 있는 것이며 부수적으로 삶의 지혜가 출현되는 것이라 여겨지는 것이다.

결국 관조와 지혜는 내 나이 70이 되고부터 그 정체를 겉으로나마 어렴풋이 볼 수 있게 되었으니 관조를 통한 무상無常의 터득이 촌시의 시각도 아까워 하루에 한 편씩의 수필을 쓰게 한 것 또한 관조를 통한 지혜의 힘이 거들어 준 것이라 믿는 것이다.

지식과 지혜

국어사전을 찾아보니 지식이란 사물에 관한 명료한 의식과 그것에 관한 판단, 배우거나 연구하여 알고 있는 내용 또는 범위, 그리고 철학에서 인식으로 얻어서 객관적으로 확증된 성과를 이르는 말이라 했고, 지혜란 사물의 도리나 선악 따위를 잘 분별하는 마음의 작용, 슬기, 그리고 불교에서는 미혹을 끊고 부처의 진정한 깨달음을 얻는 힘을 이르는 말이라고 각기 설명되고 있다.

또한 기독교에서의 구약성서 가운데의 잠언, 전도서, 욥기, 및 시편의 일부를 지혜문학이라고 일컫고 있음을 알 수 있었고 또 어느 학자는 인류의 3대 지혜의 서書로 노자, 금강경, 요한복음을 들고 있다.

내가 새삼스레 지식과 지혜에 관한 것을 국어사전에서 찾아보게 된 것은 우연히 불교 티브이를 켜보니 어느 스님이 이 두 가지

단어에 관하여 법문하는 걸 보게 되었는데 법문 끝판이라 그 자세한 내용은 모르고 다만 끝맺음으로 〈지식은 사람을 죽일 수 있지만 지혜는 사람을 살릴 수 있다〉라는 말씀만 듣게 되어 아무래도 마음 한구석이 허전해서 좀 더 알아보기 위함에서였다.

좀 더 알기 위한 욕심으로 백과사전을 비롯하여 여러 서적들을 들추어 보았다. 일상의 경험에 의하여 밖으로부터 얻어지는 객관적인 인식의 성과, 그리고 학문적으로 특히 엄밀하게 규정되는 경우에는 학문적 지식으로 학문성립에 기초적인 역할을 한다. 직관 또는 그 밖의 어떤 것이거나 직접적인 인식방법에 의하여 얻어진 지식을 직접지라 하고 경험의 관련들이나 추리에 의하여 매개된 지식을 간접지라 한다. 반면 지혜는 사물을 식별하고 통합하는 마음의 기능으로 현실의 갖가지 현상을 식별하는 동시에 그것을 통합하여 이해하는 기능이기 때문에 현실의 감각적인 기능을 넘어서 전체를 파악하는 초월적인 뜻도 포함하고 있다.

불교에서는 지혜를 사물의 식별에 쓰이는지와 통합적이고 식별적인 기능을 넘는 반야의 지혜로 나누어 생각했다. 또 선천적으로 갖추어져 있는 생득혜生得慧, 남의 가르침으로부터 얻어지는 문소성혜聞所成慧, 내적사색에 의해 얻어지는 사소성혜思所成慧, 수행의 실천 속에서 얻어지는 수행성혜修行成慧의 4가지로 분류되고 있으며 서양에서는 고대 그리스에서 이성적으로 사물을 정확히 식별하고 나아가 내적 사색에 의하여 논리적으로 발전시키는 지혜로써 철학(지혜를 사랑하는 일)이 생겨났다. 이것과는 별도로 유태, 그리스도교 전통에는 예로부터 실천적이고 윤리적인 지혜가 강조되고 있다.

아리스토텔레스는 〈형이상학〉의 첫머리에서 〈사람은 나고부터 알기를 원 한다〉라고 했다 한다. 하기야 나또한 내 자식들의 성장과정을 보아왔지만 갓 난 아기들이었을 때도 엄마와 눈으로 이야기하고 두 세 살 되면 귀찮을 정도로 〈이게 뭐야 왜 그런 거야〉하며 물어보고 여섯 일곱 살 되면 학교에 들어가 여러 친구들과 보내고 이렇게 계속 중 고등학교 졸업 후 대학에 들어가 군대도 다녀오고 그리고 취직시험보고 사회생활을 하고 한 가족의 어른이 되고, 어느새 장년들이 되어 이렇게 그들 각자들의 인생을 살아가고 있는 것이다. 이리하여 그들은 지식사회의 일원이 되어 험난하고 고달픈 그들 인생을 그들이 직간접으로 배우고 체득한 지식을 삶에 옮겨가며 지식인으로 살아가고 있는 것이다

각박한 지금 세상에서는 지혜로운 삶을 살기에는 보통사람들로서는 어려우리라 생각된다. 나또한 나이 고희가 된 요즈음에나 지식과 지혜의 구분을 큰스님들의 법문을 통하여 희미하게나마 깨닫게 되었는데 지금 40대 중반으로 들어가는 자식들이야 어찌 한가로이 지혜에 대하여 생각할 겨를이 있겠는가. 하기야 선천적으로 갖추고 태어난 생득혜生得慧와 살아오면서 듣고 배운 문소성혜聞所成慧는 어느 정도 몸에 뱄겠지만 내적사색에 의해 얻는 사소성혜思所成慧나 수행의 실천 속에서 얻는 수행성혜修行成慧는 아마도 출가자나 도인이 아닌 이상 이 바쁜 세상에서는 어려운 일이라 생각된다.

지식과 지혜를 두루 겸비한 신수대사보다 배우지도 못해 지식도 없는 혜능이라는 지게꾼이 5조 홍인에 의해 선택되어 6조가 된 것은 지식보다는 지혜가 더 소중함을 일깨워주는 선례가 되지

않았나 하고 사료된다. 역시 지혜로운 사람이 되려면 성현들의 가르침을 많이 읽고 배워 남을 위하는 배려로 살아가는 길밖에는 없으리라 생각된다.

가슴과 마음

〈가슴이 아프다와 마음이 아프다〉를 혼동해 쓰는 경우가 있다. 사전에는 가슴을 몸의 앞쪽, 배와 목 사이의 부분 또는 마음 그리고 심장 또는 폐라고 기록해놓았고 마음은 사람의 몸에 깃들여서 지식, 감정, 의지 등의 정신활동을 하는 것 또는 그 바탕이 되는 것 또는 거짓 없는 생각生覺 또는 심정心情, 성의誠意, 정성精誠이라고 적어놓고 있다. 그러니 엄밀히 말하자면 가슴이 아프다함은 육체적인 배와 목 사이에 어떤 물리적인 통증이 있음을 뜻하고 마음이 아프다함은 정신적으로 아픔을 느낀다는 뜻일 것이나 우리는 어느 슬픈 사연을 듣거나 보고 있을 때는 가슴이 아프다거나 마음이 아프다거나 둘 중 어느 것을 써도 무방하게 느끼는 것이다.

그런데 사람의 가슴속 심장이나 폐의 위치라던가 머리의 위치는 모두들 지적할 수는 있으나 마음의 위치가 어디 있느냐 물으면 어떤 사람은 가슴속에 있다 하고 또 어떤 이는 머릿속에 있다 하고 분명하게 지적해 내지를 못한다.

불교는 마음의 종교라 한다. 마음이 곧 부처라고도 한다. 마음의 때를 갈고 닦아서 마음의 눈을 뜨게 되면 부처가 되는 것이고 마음의 눈을 못 뜨게 되면 중생衆生이라 한다. 우주는 지수화풍地水火風으로 되어있고 무상無常하여 찰나刹那의 정지停止도 용납지 않는다 한다. 인간도 마찬가지로 하나의 우주라하여 찰나변하여 인연업보에 의하여 생로병사生老病死의 틀을 벗어날 수가 없는 것이니 결국 살아있는 만물이 살아있는 것이 없고 또 본래 죽는 것도 없다는 것이다. 그래서 결국 공空으로 귀의 한다는 것이다. 그러니 우리는 우리의 마음이 종교적으로 보면 곧 우주라고 할 수 있는 것이니 그래서 우리는 마음 한번 번뜩이면 저 하늘나라 그 너머 다른 무한정한 세계도 찰나 만에 다녀올 수도 있는 것이기도 하니 마음은 곧 무한대인 우주라 할 수도 있는 것이 아닌가 싶다.

그런데 이 마음이 어느 때는 좁기가 한이 없다. 누구를 미워하기 시작하면 구석구석까지 파고들며 미운 점, 지저분한 점, 별별 것을 다 들추어내며 좁디좁게 조여든다. 마치 그럴 때는 개미보다 더 적은 진드기 속처럼이나 좁아든다. 그러다가 머리를 흔들며 내가 왜이래 하고 애써서 그 누군가의 좋은 점을 발견하느라 애를 쓰면 한참만에야 그의 너그러운 웃음을 떠올리고는 부끄러움을 금치 못하고 실소를 할 때가 있다. 참으로 마음이란 기기묘묘奇奇妙妙한 것이다. 어느 큰스님 법문을 들었는데 말씀하시기를 〈마음은 어디 있는가. 아무데도 없다. 그래서 마음은 미묘하다, 찾아보면 없다. 마음은 강이나 바다처럼 사람이 지어준 이름이지 그 실체가 아니다. 마음은 본인이, 남이 아니라 본인이 깨달아야만 볼 수 있는 것이다. 그러니 누구나 노력하면 깨달을 수 있다.〉라고 했다.

그래서 결국은 참 나를 찾는 길이 내 마음을 찾는 길이라 했나 보다. 사람은 누구나 생로병사生老病死한다는 것을 깨닫고 한 단계 높여 불생불멸不生不滅을 알게 되면 무상의 고통에서 상아常我를 발견하고 항상恒常과 안락, 청정한 본아本我가 있는 경계까지 올라가면 그제야 마음의 문을 찾을 눈이 띠게 된다니 마음이란 곧 종교에 의해 발견된다고 보아야하겠다. 그러나 아직은 모르겠다. 마음이 이리도 크고 넓고 하나의 우주라는 것을, 그리고 미묘하여 중생으로서는 찾을 수 없다는 그 뜻을.

불교의 유식론에서도 인간의 마음이 어떻게 생겼나를 8식 중의 제 8식인 아리야식으로 설명하고 있다. 이것은 마음의 본체 이외의 객관적인 외계존재는 실존하는 것이 아니라는 유심론, 즉 우리가 내 마음 밖에 있다고 생각하는 모든 현상은 우리의 제 8식, 그 자체가 주관과 객관으로 변하여 나타나서 인식의 대상과 같은 모습을 마음속에 영상으로 비쳐 실제인 것처럼 인정하는데 지나지 않는다는 것, 그러나 그 본질은 제 8식에서 합장된 종자에서 생긴 것임으로 마음으로 만든 것에 불과하다는 것이라 한다.

지혜로운 삶은 어디서 찾는가

어느 큰스님이 불교티브이에서 가장 지혜롭다는 어느 스님 한 분을 소개하는데 그 내용인즉 이 스님은 어찌나 부지런한지 새벽부터 밤늦도록 절주변의 밭에서 일만 하는데 애써 가꾼 좋은 논 다섯 마지기를 팔아서 또 다른 돌투성이 땅을 사서 개간을 했는데 결과적으로 세 마지기 밖에 땅을 이루지 못했다고 한다. 그렇게 손해를 보았는데도 그 스님은 싱글벙글대며 만족해하는 걸 보고 다른 사람들이 〈아니 그 좋은 다섯 마지기 대신 이 천수답 세 마지기를 건졌는데 무엇이 그리 좋으십니까.〉하고 물어보니 그 스님이 대답하기를 〈내가 팔아넘긴 그 땅 다섯 마지기는 지금 곡식을 잘 키우고 있지 않느냐. 그리고 여기 또 세 마지기가 생겼으니 이제 여덟 마지기가 되었는데 어찌 기분이 좋지 않겠느냐〉라고 하더란다. 이 스님이야말로 소유 개념조차 초월한 분이라는 것이다. 그러나 이것이 지혜라면 요즈음 수긍 할 사람이 과연 몇 사람이나 있을 것인가.

또 어느 큰스님은 지혜에 대하여 말하기를 지식은 세월이 흐르면 변하기도 하지만 지혜는 우주적이고 영원불멸하며 사람이면 누구나 마음속에 간직하고 있는 것인데 미혹이라는 안개에 가리여 찾지를 못하고 있는 것이라 했다. 그러니 인생지사人生之事 무상함을 깨닫고 불생불멸의 진리를 터득하여 청정한 본아本我를 발견하는 수행을 열심히 하여야 미혹의 안개가 걷혀진 참 나의 지혜를 깨닫게 된다고 한다. 여기에서 참 나를 발견한다는 것이 가장 중요한 것 같다. 이 세상에서 자기 자신이 가장 소중하다고 불교는 가르치고 있다. 스님들은 용맹정진 하여 부처가 되는 길을 가는 것이고 우리네 중생들은 제각기 마음과 몸을 수행하여 사람다운 사람이 되어 그 바탕위에 전문직에 용맹정진 하여 목적 달성하는 것이 지혜로운 삶을 사는 길이라고 사료된다.

마음을 올바르게 갈고 닦은 사람은 자기의 이익을 위해 남을 해하지 않을 것이다. 여기에서 자신의 이익도 챙기고 남에게도 이로움을 주어 상부상조하는 것이 지혜라는 것이 아닐까 여겨진다. 내가 조금 손해를 보더라도 타인의 어려운 처지에 큰 힘이 된다면 이 또한 아름다운 지혜가 아닐까도 생각된다. 평생을 열심히 일하여 모은 재산을 사회에 환원하는 것 또한 멋진 지혜가 아닐까도 여겨진다. 더욱이 이렇게 함으로써 인생을 마감 짓는다는 것은 얼마나 명예스러운 일인가. 연기설緣起說에 의한 내세來世의 보상은 차치하고서라도 말이다.

며칠 전 종영된 티브이 드라마가 흥미로웠다. 고리대금업계 속내를 파헤친 내용으로 돈을 벌어 지하에 숨겨놓고 돈 냄새를 만끽하는 자와 돈을 벌어 남몰래 좋은 일을 하는 자를 양면에서 흥미롭게 비춰준 드라마로서 그 내용 중 〈돈을 인생이라 생각한다. 돈에서 사람냄새가 나야한다. 땀 흘려 번 돈, 노력해서 번 돈은 그 사람의 인생이다. 그리고 아름답다.〉라는 대목은 흥미로웠다. 요즈음 같은 물질만능시대, 각박한 세상에서 지혜로운 삶을 살아간다는 것은 곧 자신을 알고 자신이 몸담고 있는 직업에 충실히 열정적으로 임하여 돈을 저축하여 어려운 이웃을 도울 수 있는 경지에 이르는 길이 아닐까도 생각해본다.

생활선生活禪

선禪의 기원은 기원전 1300년경 인도에서 발생하여 이론적으로 체계화되어 발전되어온 것으로 불타佛陀도 출가초기에는 당시의 최고 수행자들에게서 선정禪定을 배웠으나 현세에서 해탈을 구할 수 없다고 단정을 하여 홀로 명상을 통해 대각을 이루었다고 한다. 이처럼 선禪은 인도에서 시작되어 오랜 전통을 이어오다 중국으로 전해져 중국에서 꽃을 피웠는데 이는 중국에 불교가 전해지고 얼마 안 되어 보리달마가 중국에 가서 능가경에 의한 이타적 능동적인 선을 전한 것이다. 보리달마에 이어 6조 혜능에 이르기까지 현실중심적인 선으로 발전되었고 여기에 생활선인 행주좌와行住坐臥를 전개하고 불립문자, 교외별부, 직지인심, 견성성불의 기본정신을 주창한 것이다.

8만 4천경에 이르는 방대한 불경에 대하여 어느 경의 한구석인들 문외한인 나로서 알 수 있을까 만은 생활선이라고 하는 행주좌와는 나로 하여금 매우 흥미로운 관심을 갖게 한다. 21세기 글로벌시대가 되고 직종사회는 불과 몇 십 가지에서 4만여 가지로 발전된 복잡다단한 이 시대에 면벽 10년이고 절에 들어가 앉아 좌선을 하며 참선을 한다는 것은 지극히 어렵게 되어버린 것이다. 이런 시대에 이 생활선이라고 하는 이 행주좌와 방법이야말로 21세기에 살아가는 우리들에게는 가장 효율적이고 경제적인 가르침이 아닌가 생각 되는 것이다.

옛날 어느 대선사는 절 근처 밭으로가 일만 하였다고 한다. 심지어 부처님께 예불도 않고 또 상좌스님들로부터 공양도 받지 않고 평생을 밭을 일구며 사셨다고 하는데 그분의 도의 경지는 부처의 경지에 이르렀다고 한다. 그분의 가르침이 바로 행주좌와라는 불경의 가르침을 몸으로 실천하고 또 몸소 제자들에게 모범으로 보여 깨우침을 준 것이니 즉 부처님의 교리인 마음을 닦는 일은 면벽 10년이나 절간 토굴이나 선방에서 하는 것도 좋지만 부처는 이 우주에 안 계신 곳이 없으니 어디를 걸어갈 때나 집에 있을 때나 앉아 있을 때나 누워있을 때나 항상 도를 깨닫기 위해 용맹정진 한다는 것이다. 즉 마음의 부처를 일하면서 찾아야 한다는 것이다.

이 행주좌와의 가르침이 나의 관심을 끄는 다른 이유는 바로 내가 하루에 한 편씩의 글을 쓰기 시작한 10년 동안 이 가르침이 나로 하여금 용기와 힘을 갖게 해주고 있다는 사실이다. 미숙하기 짝이 없는 내가 하루에 한 편씩의 시나 수필을 쓴다는 것은 그러한 가르침이 없었다면 엄두도 못 냈을 것이다.

환갑나이 되어서야 부처님의 가르침 지족을 배워 더 이상의 욕심을 버리고 40년간 걸어오던 사업의 길을 벗어나 고교시절 좋아하던 문학의 여신을 다시 만나 시와 수필을 써 온지 어느새 10년, 아무런 목적도 없이, 더구나 책을 낸다는 생각은 아예 해 본 적 없이, 그저 고교시절 좋아했던 글쓰기가 좋아 그간 하루도 빠짐없이 일기처럼 써놓은 나의 글들이 10권이나 책장 속에 나란히 정렬되어있는 것이다. 다만 욕심이 있었다면 환갑나이부터 놀면 안 될 일이니 좋아하는 글쓰기로 건강도 유지하고 또 치매도 예방하고 또 틈틈이 부처님 말씀도 배워 마음을 비우고 그 비운마음에서 무지개처럼 고운 시의 요정들도 만나 행복했으면 하는 바람뿐이었던 것이다.

인연因緣 속의 나

이따금 나는 나의 존재에 대한 신비로운 상념에 잠기고는 한다. 태어나기 전 나는 무엇이었으며 무슨 인연으로 내 고향에 태어났을까. 이 우주에는 지구와 같은 무수한 별들이 있는데 그중에서도 이 지구에 무슨 인연으로 태어났으며 이 넓고 넓은 지구 중에서 또 무슨 인연으로 한국에 태어났으며 한국 중에서도 하필이면 첩첩산골 내 고향에 태어났을까. 그리고 나는 무슨 인연으로 내 아내를 만나 해로를 하며 자식들과는 무슨 인연이 있어 내 자식들로 태어나게 되었으며 내 귀여운 손자손녀들은 나를 할아비라 불러주며 귀여움을 받게 되었는가. 그리고 내 주변의 친지들과 형제자매들은 무슨 인연으로 이따금 만나 활짝 웃으며 반가워하는가. 하나하나 생각하면 할수록 신비롭기 짝이 없는 인연들이다.

민들레 씨가 바람에 날려 온 들판을 민들레꽃밭을 이루는 것처럼 인간의 씨앗도 저 하늘나라 어느 곳에 몰려있는 것을 저 하늘나라의 우주창조주께서 입김으로 바람을 일으켜 날려 버린 건 아닐까.

여하튼간에 나라는 존재를 아름다운 첩첩산골 내 고향 푸른 하늘에 날려 보내 준 우주의 섭리와 나를 낳아 길러주신 부모님과 고향에 처음 오시어 자손들 이어주신 조상님들과의 인연은 지극히 소중하다 하겠다.

그러고 보면 이 세상 모든 삼라만상은 소중한 인연으로 얼기설기 엮여져있는 것이다. 오죽하면 지금 내 얼굴을 스쳐지나가는 바람도. 지금 저 하늘에 떠가며 내 눈에 보여주는 저 구름 한 점 조차 나와의 순간적인 인연이라 했을까. 결국 우리인간이나 우리인간들의 주변을 둘러싸고 숨 쉬고 있는 동식물들과 자연이, 하다못해 저 말없는 바위들까지도 모두가 서로 인연으로 엉켜져 함께 아끼고 사랑하여야 한다는 우주의 섭리가 바로 이 인연의 가르침이 아닐까도 단정해본다.

국어사전을 찾아보면 〈인연이란 어떤 결과를 내는데 직접 강한 힘이 되게 하는 것을 인因이라하고 어떤 결과를 내는데 보조적인 역할을 하는 것을 연緣이라하며 쌀을 예로 들면 볍씨는 인이고 노력, 기후. 물, 비료 등은 연이라 한다. 그러니 인연이 서로 맞아야 좋은 결과가 나온다는 뜻〉이라고 기술해 놓고 있다.

불교에서는 우주만상은 인연으로 생긴다고 한다. 능엄경에 〈저들 외도는 항상 자연을 설하나 나는 인연을 설한다.〉라고 씌어있으며 불교는 인연을 종지宗旨로 한다고 기록되어 있다.

부파불교部派佛教에서는 인간이 짓는 모든 업業과 관련지어 과

거세過去世, 현재세現在世, 미래세未來世 이렇게 삼세에 걸쳐 연계된다고 했다. 이러한 설을 타파한 것이 대승불교사상인데 특히 최초에 나타난 반야의 공사상空事想은 연기緣起 – 무無 – 자성自性 – 공空의 해석을 성립시켰다. 즉 현상계의 모든 존재는 서로 의존하는 상인상득相因相得의 관계라고 했다. 즉 모든 현상은 인연생기因緣生起함으로 조건에 따라서 변화하고無常 독립된 자존적인 존재성이 없으며空,無我 서로 의존하며 존재한다는 생기소멸生起消滅의 법칙을 말한다는 것이다.

인과응보因果應報라는 말이 있다. 인연이 있으면 반드시 그에 따른 결과가 나타난다는 뜻이다. 사람은 태어나기 전 부터 전생에서도 인연을 짓고 태어난 후 부터 살면서 촌각에도 인연 속에서 살며 그 결과를 지어가고 있다는 것이다. 인과에는 추호의 어긋남이 없다는 것이다. 시간을 아끼고 열심히 공부하거나 일하는 사람은 일하지 않고 노력하지 않는 사람보다 틀림없이 성공하는 예가 그것이라 한다. 나무에 비료도 주고 가지치기도 해주면 반드시 풍성한 결과를 가져다주는 것도 마찬가지 이치인 것이라 한다. 불교에서 악업을 쌓으면 선업을 쌓는 사람 보다 지옥에 떨어질 확률이 높다는 가르침 또한 비록 올바른 가르침을 주기위한 방편이겠지만 이 또한 인과를 뜻함인 것이다.

하지만 요즈음 세상에서는 인연이니 인과응보니 하는 말은 사람들 입에서 들어보기 힘들어져 먼 옛날 단어로 전락하여 버렸다. 물질만능주의시대를 맞이한 인간들은 자신의 이기심만을 조장해 자연을 파괴하여 지구온난화를 일으켜 지구 멸망을 앞당기고 있으며 인륜도덕의 상실로 인한 가정파탄과 어두운 사회불안을 자초하고 있는 것이니 이것이야말로 우주와 자연과 가정과 이웃 모두를 사랑하고 소중히 하라는 인과응보의 가르침을 배반하는데 대한 보답이 되어가고 있는 것이 아닌가 걱정이 되는 것이다.

부처님의 인연의 가르침을 배워 우리네 인간들끼리의 사랑뿐만 아니라 주변의 모든 자연을 사랑하며 공생을 해나가야 하거늘 인간들은 서로를 미워하고 자연을 파괴하여 결국은 지구 온난화로 인한 지구의 멸망을 재촉하여가는 또 다른 단계로 접어들어 드디어 오늘날 온 지구를 주검의 공포 속으로 집어넣고 있는 저 무서운 코로나19를 인간들에 대한 경고를 넘어선 인과응보因果應報로 출현시키고 있는 것이 아니겠나 하고 생각되는 것이다.

욕심은 줄이고 만족할 줄 알아야

어느 기자가 큰스님과의 면담을 끝내는 자리에서 〈마지막으로 중생들에게 한마디 지혜의 삶은 어디에서 찾을 수 있는가에 대하여 말씀해 주십시오.〉하고 부탁하니 이에 큰스님은 〈욕심을 줄이고 만족할 줄 알아야 행복한 삶을 누릴 수 있습니다.〉라고 간단히 대답해주었다. 언뜻 생각해 보면 너무나 평범한 답이었지만 깊이 생각할수록 큰스님의 평생을 닦은 도의 깊은 답이라는 것을 알 수 있었다.

이 세상 어느 사람치고 욕심 없는 사람이 있을까. 사람은 태어날 때부터 주먹을 꼭 쥐고 태어난다. 그리고 인생을 욕심으로 채우기 위하여 고군분투한다. 그러나 인생은 누구나 늙고 병들어 죽는다. 죽을 때는 꼭 쥐었던 손을 놓고 빈손으로 간다. 그러나 사람들은 그러한 엄연한 사실을 알면서도 모르고 지낸다. 지나친 욕심은 개인을 파멸시킨다. 그리고 가정과 사회와 나라 그리고 국제사회의 불화와 반목으로 전쟁까지도 초래한다. 지나친 물질문명의 욕심은 인본중심주의를 파괴하고 자연을 파괴한다.

행복지수가 가장 높은 나라는 방글라데시라 한다. 나는 오래전 그 나라에 사무실을 두고 5년간을 섬유수출대행업을 한 경험이 있다. 매우 가난한 나라인데다가 매년 홍수로 전 국토의 80%가 물에 잠기는 적도 있어 처음에는 저주받은 나라로 생각했었다. 거리에는 거지들로 북적였다. 그런데도 그곳 사람들은 해맑은 웃음을 지니고 있었다. 그 사람들은 자기들 버는 돈에 만족하며 그 수준에 맞추어가는 생활에 행복해 하고 있었다. 부자들은 잘난 척하지 않았으며 가난한 사람들도 부끄러워하는 기색이 없었다. 모두가 다 그들의 신神 〈알라〉의 뜻이라 했다. 물론 15년 전 일이니 지금쯤은 많이 달라졌겠지만 길거리에서 빵 한 조각으로 식구들이 둘러앉아 한 끼를 때우는데도 슬픈 기색이 없었던 그곳 사람들의 해맑은 미소가 아직도 눈앞에 아른거린다.

나는 원래 상경대학을 졸업 후 무역회사에 입사하여 5년간을 근무하다가 30대 중반에 개인 사업에 뛰어들어 고군분투하다가 2번의 실패로 인생의 처절한 쓴맛을 보고 나서야 50대 초반부터 지나친 욕심을 버리고 나라는 인간은 원래 돈과는 인연이 먼 팔자구나 인정을 하고 회사규모를 바짝 줄이고 나니 멀어져갔던 돈의 여신이 다시 찾아주어 젊어서 고생은 사서도 한다더니 바로 나의 경우를 두고 한 말인지도 모르겠다고 생각되기도 하며 또한 내가 만일 그때 큰 욕심을 버리지 않았다면 지금 내가 누리고 있는 이 변변치 않은 노후의 삶이나마 어찌 보장받을 수 있었겠는가 하는 생각도 드는 것이다.

나는 환갑나이 들면서 또 한 번의 욕심을 버렸다. 환갑나이까지 운영하던 사업을 두 아들에게 완전 인계해주고 시골 고향 근처 농장을 아내와 함께 주말마다 내려가 농사를 지으며 고교시절 좋아하던 시의 요정을 다시 만나기 시작한 것이다.

40년 사업의 길을 벗어나 제 2의 인생길을 문학의 길로 접어든지 어느새 10년이라는 세월이 지나갔다. 나는 그 10년 동안 매일 글을 1편씩 써 오고 있다. 그러나 내가 하루에 한 편씩 글을 쓰는 데는 그 아무런 목적이 없다. 글을 쓰는 것은 그 자체가 나의 삶의 관찰이 되는 것이다. 다시 말하자면 글쓰기는 나의 생활 그 자체이기 때문에 다른 욕심이 들어설 틈이 없다. 새벽 일어나 농장에 갈 때나, 가서 일할 때나 그곳에서 자라나는 채소들이나 나무들을 보살필 때나 어쩌다 시내에서 동창들을 만나거나 친척집에 갈 때나 내 모든 생활 속에서 하루에 한 가지의 글제목이 나오게 마련이며 그것이 화두가 되어 내 머리와 가슴을 떠나지 않으니 그 어떤 욕심이 들어올 수 있겠는가. 남부러워 할 틈조차 없는 오직 글에 대한 행복뿐, 이야말로 지족의 행복 그 자체가 아니겠는가.

너 자신을 알라

나의 중 고등학교 때 교장선생님은 이재훈 선생님이셨는데 학생들 간에 불리는 별명은 소크라테스 이셨다. 선생님은 전교생이 모인 아침 조회 때나 이따금 교실에서 강의를 해주실 때는 의례히 고대 그리스 철학자인 소크라테스가 제창했다는 〈너 자신을 알라〉를 늘 강조를 하시곤 했다. 그래서 선생님의 별명은 소크라테스가 되셨고 내가 졸업한 후에는 서울대문리과 철학교수로 가셨다는 말을 풍문으로만 듣고 있었다.

학교 졸업 후 대학을 다니고 또 졸업을 하여 생업에 시달리는 동안 어느새 내 나이 고희에 이르렀으니 벌써 반백 년도 넘은 먼 옛이야기가 되어버렸는데 요즈음 그때 그 교장선생님의 〈너 자신을 알라〉라고 늘 강조하시던 그 때 그 교장선생님의 말씀이 생각나는 것은 나야말로 요즈음에 와서야 〈나는 무엇인가〉에 대하여

비로소 생각하게 된 때문이다. 반백 년이나 넘어서야 선생님의 그 말씀을 생각하다니 참으로 선생님께 죄송스럽기 짝이 없다.

내가 〈나는 무엇인가〉에 대하여 생각하게 된 것은 평생을 독실한 불교신자로 사시다가 6년 전에 돌아가신 어머님으로 인해서이다. 어머님을 잃은 나의 슬픔은 지금까지만 하더라도 가시지 않아 어머님이 대하시던 불교경전들을 들추어보며 또 불교 티브이를 통한 법문들을 시청하다보니 불교야말로 나를 발견하고 나의 마음을 찾는 종교라는 것을 알게 된 것이다. 무상을 깨달아 찰나도 아껴 노력하여 선업善業을 쌓으라는 종교임을 터득하게 된 것이다.

그러나 선업을 쌓는다는 것은 아무나 할 수 없는 일이다. 남을 위한다기보다는 자신의 호구를 채우지 못하는 사람들이 얼마나 많은가. 기계문명과 물질문명은 나날이 기세를 더하여 인간의 품성이나 인성은 메말라가고 현실의 구직자들 눈에는 자기 적성에 맞는 직업은 커녕 부와 권세를 조금이라도 높일 수 있는 곳에 몸을 던지기를 조금도 주저하지 않을 수 없는 것이다. 자기 자신을 파악하고 그에 따른 직장을 구하여 살아간다는 것이 가장 행복하고 성공할 수 있는 길이라는 것을 생각할 겨를조차 없는 것이다.

내가 그 옛날 교장선생님께서 〈너 자신을 알라〉라고 하실 때 비록나이 젊은 학창시절이었지만 그래도 좀 더 귀담아 경청하고 나 자신에 대해 깊은 생각을 했더라면 나는 문학을 택하였을 것이다. 그리고 고등학교나 대학에서 선생 노릇을 했을 것이고 문학을 좀 더 심층까지 파고 들여다 볼 수 있었을 것이다. 그것은 40여 년간 사업을 해 본 결과 나 자신과 나의 적성은 계산기 돌려 손익

계산하고 이권을 쟁취하기 위한 생존경쟁은 할 수 없는 성품을 가지고 태어난 것을 알아냈던 것이다. 그러니 소 잃고 오양 간 고친다는 옛말도 젊은 때일 경우이고 지금에 와서 후회한다한들 무슨 소용 있단 말인가.

그러나 늦게나마 내 나이 환갑 되던 해부터 사업의 길을 벗어나 내 적성에 맞는 문학의 길로 접어든 것을 행복하게 생각하며 지내고 있다. 비록 깊은 문학에는 이르지 못하더라도 그저 하고 싶은 일을 하고 있으니 이 세상 부러운 게 없는 것이다. 내 하루하루 생활에 만족하고 아무런 욕심 없어 그 누구에게도 해로움 주지 않고 웃음을 나누는 것 또한 좋은 여생 보내는 길이 아니겠나.

내 마음의 정체

내 마음이 틀림없이 있기는 있는데 어디에 있는 것인가. 머리에 있나. 가슴에 있나. 혹은 심장이 바로 마음인가. 도대체 알 길이 없다. 그리고 또 마음은 어떻게 생겼을까. 하늘처럼 크고 넓은가. 지구처럼 둥그런 것인가. 삼각형인가 8각형인가 도대체 알 길이 없다. 그리고 또 내 마음은 착한 편인가 악한 편인가 혹은 그 중간 보통인가 도대체 알 길이 없다.

항상 궁금하던 차에 어느 큰스님으로부터 십우도十牛圖에 관한 이야기를 들었다. 하기야 그전에도 절간에서 본 적도 있고 또 한용운 시집에서도 읽은 적이 있었지만 그냥 스쳐지나갔을 뿐이었는데 오늘 법문을 들어보고서야 어느 정도 이해가 간 것이었고 매우 흥미롭게 마음에 다가서는 것 이었다.

십우도란 심우도尋牛圖라고도 불리며 불교의 선종禪宗에서 자신의 본심을 발견하고 깨달음에 이르는 과정을 소 찾기에 비유한 것인데 그 과정을 십 단계로 나누었음으로 십우도라고 하며 이것을 그림으로 표현한 것을 십우도 혹은 심우도 라고 한단다.

그 과정별로 설명을 하면 1)심우尋牛-자신의 본심인 소를 찾아 나선다. 2)견적見積-소의 발자취를 발견한다. 3)견우見牛-소를 드디어 발견한다. 4)득우得牛-소를 붙잡는다. 5)목우牧牛-소를 잘 길 들인다. 6)기우귀가騎牛歸家-소를 타고 무위無爲를 깨달은 세계인 집으로 돌아온다. 7)망우존인忘牛存人-이젠 소가 달아날 걱정이 없으니 안심하고 있다. 8)인우구망人牛俱忘-사람도 소도 다 공空임을 안다. 9)반본환원返本還源-꽃은 붉고 버들은 푸르고 있는 그대로가 세계의 실상임을 여실히 깨닫는다. 10)입전수수入廛垂手-중생을 제도하기 위하여 속세로 나간다. 이상은 곽암의 심우도이며 이 외에도 청거와 보명의 심우도 또한 유명하다고 한다.

결국 위의 심우도에서 보면 마음을 찾아 나서서 마음의 흔적을 찾고 마음을 드디어 찾아서 닦고 길들여보니 결국 마음은 공이요 만고불변의 존재임을 깨달아 그 깨달음을 깨닫지 못한 속세에 전한다는 뜻임을 알 수 있겠다. 그러니 결국 마음의 이런저런 모양이니 착하고 악한 것이란 모두 마음을 뒤덮고 있던 인간의 탐진치貪瞋痴를 의미하며 이 삼독을 닦아 없애면 결국 그곳에 마음이 나타나며 그 마음과 나는 하나이며 공이 바로 그 자체이며 그 마음이 곧 부처라는 6조 혜능선사의 가르침이 바로 이런 과정을 말해주는 것이 아닐까 생각된다.

그렇다면 나처럼 평상심平常心이 부족하고 희로애락에 휘둘리는 존재는 결국 내 마음의 실체를 볼 수 없는 게 아닐까. 70평생을 먹고 살기에만 급급해 마음을 찾아본다는 말은 꿈속에서 조차 생각해 본 일이 없는 내가 이제 와서 마음이 어떻게 생겼나 궁금해 한들 무슨 수로 찾을 수 있겠는가. 하지만 또 한편으로 생각해 보면 그래도 이 나이 70살이 되고나서라도 내 마음의 정체를 생각이라도 해본다는 그 자체가 대견스러운 것 같기도 하다.

아마도 그나마 이 대견스러운 오늘의 결과를 가져다 준 것은 내가 뜬 구름을 타고 문학의 길로 접어든 지난 환갑나이부터 10년간 공부를 한답시고 내 인생의 과거와 현재 그리고 미래, 우주와 자연과, 종교와 철학 등 사이를 수박 겉핥기식으로 날아다니며 관찰하고 관조하였기에 그래도 늦게나마 내 마음의 본체를 들여다보는 습관이라도 갖게 된 기회를 지니게 되지 않았나 생각된다.

심우도에서는 소를 찾기 위해 소를 찾아다니다 소를 찾아 집으로 달래 데리고 와서 소가 바로 마음임을 깨닫고 마음이 곧 공空임을 깨닫게 되는데 나는 비록 시의 존재를 찾아 어렴풋이나마 그들의 존재를 깨달았으니 그 깨달음의 깊이의 차이는 있을지언정 그 과정은 유사하다고 생각된다. 더욱이 시는 마음의 거울이라 할 수 있으니 시를 쓸 때 만큼은 내 마음도 거울처럼 아무런 티끌도 없어지는 바로 그 순간이 공空이 된 내가 아닐까도 생각된다.

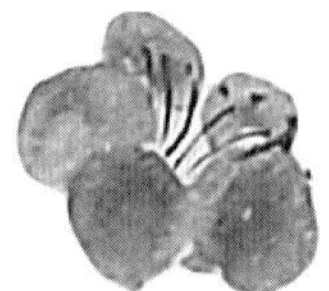

5부

농다치고개 천수답

농다치고개 천수답

나의 서재에는 부모님 사진이 들어있는 액자가 걸려있다. 아주 오래전 아마도 30년도 더된 그 오래전에 찍어드린 사진인데 두 분께서는 아주 행복한 미소를 머금고 계시다. 그 해 벌초를 다녀올 때 찍어드려 이 사진 배경에는 온통 진초록 물결이다. 좌측 계단식천수답이 올려다 보이는 끝에는 농다치고개로 넘어가는 울창한 산기슭 수목들이 푸르고, 천수답들은 논두렁대신 벼 포기로 층계를 이루며 온통 푸름으로 물결친다. 농다치산에서 좌측으로 능선을 이루며 내려온 산중턱 소나무 울창한 곳에 나의 할머님 산소가 자리 잡고 있어 그곳에서 벌초를 끝내드리고 맞은편 산에 자리 잡고 있는 할아버님 산소 벌초를 해드리려 내려가던 중 찍어드린 사진이다.

할머님 산소 벌초를 끝내드리고 산비탈을 힘들게 걸어 내려와 천수답 논두렁길로 접어들었을 때 아버님과 어머님은 잠시 땀을 씻으시면서 그 넓은 천수답 앞뒤 논들에 물결치는 벼 이랑들을 둘러보시며 옛날 농사지으실 때 저 아래 성냥갑처럼 작게 보이는 고향집에서 1킬로미터나 되는 이곳까지 오르내리시던 옛이야기를 두 분이서 나누셨다. 그 말씀중 지금도 기억나는 것은 아버님이 어머님에게 〈당신이 참이고 이곳까지 올라오면 저 계곡물가 찔레꽃 덤불 밑에서 먹고는 했지〉하시던 말씀이다.

어머님은 18살 때 이 농다치고개 너머 복우리에서 더 오지인 이곳으로 시집을 오셨다. 이 농다치고개 이름의 유래 또한 이 고개가 얼마나 험한 고개임을 말해주는 것이니 이 농다치고개로 가마타고 시집을 오거나 또 가거나 할 때 함께 옮겨오고 가는 장롱이 다칠까봐 가마 안의 신부들이 〈농 다칠라 농 다칠라〉걱정을 할 만큼 험해서 생긴 이름이라는 것이다. 이렇듯 험한 두메산골로 시집오시여 시조모와 시부모님은 물론이고 큰댁식구와 삼촌들 그리고 시누들 거의 20명이나 되는 대식구들을 한집에서 모시고 뒤치다꺼리를 해야 하는 시집살이를 하시며 게다가 슬하에 삼남매까지 두셨으니 우리 어머님 얼마나 고생 많으셨던가. 아마도 요즘 젊은이들 같으면 하루도 견디기 힘들 텐데 말이다.

어머님은 이렇게 만 10년간을 고향에서 자식들 키우시며 고생하시다가 마침 아버님이 일제강제징용을 피하기 위하여 함경도 청진으로 직장을 얻어 이사를 하는 바람에 고생을 면하게 되시었으니 그때 농사짓던 이 천수답을 어찌 감정 없이 바라보실 수 있겠는가. 그래서 두 분의 사진을 그때나마 찍어드린 것이 얼마나 잘한 나의 소행이었나 하고 스스로 대견스럽게도 생각 되었고 그래서 이 사진을 나의 첫 시집 〈인생의 주름에 접힌 꽃잎들〉의 부모님 란에 넣어드리기도 했으며 지금 이 글을 쓰고 있는 이 순간에도 나의 부모님은 액자 속에서 자상하신 미소를 이 아들에게 보내주고 계신 것이다.

사진 속의 아버님과 어머님을 뵈오니 세월의 무상함에 가슴이 아파온다. 아버님 돌아가신 지 어느새 17년이 지났고, 어머님 돌아가신 지는 벌써 5년이 흘러갔다. 세월이 흘러가면 잊혀 질 것도 같건만 오히려 부모님이 더욱 더 그리워지고 못다 해드린 불효가 후회스럽기 한이 없다. 어머님마저 돌아가시어 합장으로 모실 때 비석을 새로 하나 만들어 세워드릴 때 비석우측면에 아래와 같은 시를 새겨드렸다. 부모님 묘소는 농다치고개 너머 향교 옆 산자락 아래 모셔져있으며 고향과는 시오리 거리 밖이다.

〈부모님 묘소 비석 우측면 비문〉

해 뜨면 농다치고개 넘나드시며
자식 낳아 기르시던 옛 이야기 나누시고
달뜨면 자식들 사는 곳 찾아다니시며
어두운 길 있으면 밝혀주소서

고향 노래

일가친척 모두 외지로 떠나 아무도 아는 이 없는 고향일지라도 조상님들 산소들을 이장 모시기 전까지는 그래도 년 중 두어 번은 집안 어른들 따라 벌초를 다녀오느라 고향을 찾았건만 그동안 세월은 무심하게 흐르고 흘러 옛 어른들 다들 돌아가시고 고향을 이루어주신 나의 5대조님으로부터 조부조모까지의 4대에 걸친 조상님들의 산소마저 농다치고개 너머 용문산 산자락 윗대 조상님들 잠들어계신 선영으로 이장모신 이후에는 내 고향은 내 마음과 추억 속에서만 살아있을 뿐 실제로는 잃어버린 고향이 되고 말았다.

하지만 내 맘속에 자리 잡고 있는 내 고향은 변함이 없다. 나의 서제 책상 앞에 앉으면 어김없이 바라보이는 유리창 밖 불암산 너머 하늘만 내다보아도 그 하늘아래 내 고향 또한 나를 바라보며 그리워하는 것이다. 왜정시대 때 아버님 직장 따라 멀고먼 청진으로 떠나기 전 6살까지 살던 고향의 유년시절 추억과 6 · 25전쟁 때 아버님 뒷산 새매기고개 너머 다래넝쿨 속 바위굴에 숨어계실 때 13살 어린 소년이었던 그때의 추억, 그리고 조상님들 묘소 이장모시기전까지의 고향 벌초의 추억은 흘러가는 세월과는 정 반대방향인양 점점 더 그리움을 더해준다.

왜 그럴까. 새들도 갈 때 되면 제 고향 쪽으로 둥지를 튼다 하더니 나또한 나이 들어 그런 것인가. 6살 때 떠난 고향인데. 6.25동란 때도 100여 일 머물다 떠나왔는데. 환갑 나이까지 벌초를 다녔지만 그것도 결혼 후부터 환갑 나이까지 1년에 한 두 번뿐이었는데. 20여 년이나 살다온 나의 청소년기를 보낸 종로6가집도 25년간의 장년기를 보내다온 전농동 감나무집도 그리움이란 그다지 느끼지 않는데 왜 나의 고향은 이리도 그리움을 가시지를 못하고 점점 더 가까이 다가서는 건가.

젊었을 때는 180여 년 전 사헌부감찰벼슬까지 지내신 5대조께서는 왜 하필이면 마을이라야 뜨문뜨문 다 합쳐야 20채도 안 되는 이 초라한 두메첩첩산골로 오시여 후손을 낳아 5세손까지 이어 주셨을까 하여 창피하기도 하고 궁금도 하여 지난날 아버님에게 여쭈어 본 적이 있었는데 농다치고개와 연결된 개경자고개로 넘어가면 설악면이라는 곳이 있는데 그곳에는 5대조님의 사촌동생이 살고 계시어 그분도 높은 벼슬하시다 그곳으로 자리 잡아 가셨고 두 분의 형제우애가 하도 깊어 그리 되었을 거라 말씀해 주시어 그저 그러려니 하고 지내왔지만 나이 들어서야 나의 5대조께서는 우리 자손들에게 무릉도원武陵桃源을 남겨주셨음을 깨닫게 된 것이다.

나의 이 5대조 할아버지께서는 명필로 그 당시까지의 양평문중족보를 명필 붓글씨로 써서 내려주셨으며 이 가승보家乘譜가 아니었다면 농다치고개 너머 15대조님으로부터 이어 내려오는 양평문중 조상님들이 잠들어계신 선산들이 다 남의 손에 넘어 갈 뻔했었는데 그래도 그때 이 가승보가 12년 간의 긴 송사로 대법원까지 승소를 하기까지에 결정적인 증거가 되어주었던 것이니 이 얼마나 다행스러운 일이었던가. 그로 인해 나로 하여금 또 이후 다시는 우리 문중에 그런 일이 없도록 한문으로 되어있는 집안 족보를 문중 누구나 읽을 수 있도록 한글로 번역 〈남평문씨헌납공파휘응태계세보南平文氏獻納公派諱應台系世譜)를 새로 발간하여 문중에 나누어 주기도 했던 것이다.

첫 시집에 고향에 관한 시를 여러 편을 썼는데 그중 한 편이 생각난다.

농다치고개

첩첩 산 둘러싸여
하늘도 동그라니 좁아서
소나기 먹구름 몰려오는 것 모른다네

꽃가마 타고 시집 오고 가실 땐
험한 농다치 고갯길 새색시들
농 다칠라 농 다칠라 걱정도 많았다네

가난 물려주신 5대조님
나이 들어서야 이해할 수 있었네

무릉도원 물려주셨음을

산에 산에는 산나물 없는 게 없고
산돼지 노루 토끼 없는 짐승 거의 없고
골무봉 산허리 폭포에는 물고기 튀어 오르고

산골 물 계곡마다 머루다래 지천이고
화전은 부지런한 만큼 곡식들 자라주고
울안 빵 두른 벌통에서는
꿀이 넘쳤다네

명절 땐 꿀 초롱 메고 편도30리길 장터 가시어
아가들 설빔과 제수품 사 가지고 오실 때
친지들과 거나하게 술 한 잔 하고 늦으시면

가족들 횃불 들고
농다치고개로 우 우 군호 보내고
아! 무엇이 부족 했는가 지족의 삶 즐기셨거늘

지금은
친척 모두들 떠나 낯선 두메산골
그래도 농다치고개 올라 고향 산천 내려다보면

이산 저산에서 조상님 말씀들 들리는듯하네
고향집 마당에서는 할머님 이쪽 올려다보시고
밭에서는 할아버님 소모는 가락 들리는듯하네

불암산 너머 내 고향 하늘

서재에서 책을 읽거나 글을 쓰다가 눈의 피로를 풀 때면 창가로 가서 하늘의 구름을 보거나 불암산 자락의 녹음을 바라보고 있노라면 불암산 산봉우리 그 너머 편도片道 백여 리에 자리 잡고 있는 내 고향생각에 빠져들고는 한다.

이상도 한 일이다. 고향에는 이미 그 어느 친척도 살고 있는 분들이 없고 고향시거조故鄕始居祖이신 5대조님 이하 조부님까지의 산소도 모두 농다치개 너머 용천리 선영과 강상면 선영으로 이장 모신지도 15년이라는 긴 세월이 지나갔는데 왜 이렇게 나는 고향생각에 빠져들고는 하는 것일까.

내 나이 6살 때 아버님 직장 따라 고향을 떠나 멀고먼 청진으로 가 살다가 2년 후 서울로 와서 지금껏 살고 있는 터라 유년의 고향 추억이라고는 별로 없는데도 말이다.

그래도 고향에서의 유년추억을 기억을 더듬어 회상해보면 어느 날 마당 앞 큰 밤나무 밑에서 어른들이 밤나무를 가리키며 무슨 말씀들을 나누시던 희미한 기억이라든가 무슨 잔칫날인지 집안 할머님 어머님 큰어머님 아랫집 당숙아주머니랑 부침개를 부치다가 내가 잘못 먹은 음식으로 온몸에 부스럼이 나서 옷을 벗기고 빗자루로 쓸어주시던 기억이라든가 아랫집 당숙아저씨 장가가는 날 어머니가 나에게 꽃버선 신겨주시고 업고 내려가시어 마루위 신랑신부 구경시켜 주시던 그 기억이라든가 마당 끝 대추나무 옆 디딜방앗간에서 큰어머니와 어머님은 방아다리를 눌러 방아를 올리시고 아랫집 당숙아주머니는 방아가 올라가면 재빨리 방아속 곡물 뒤집는 작업하다가 미쳐 손을 빼내지 못해 다친 손에서 피를 흘려 야단났던 기억이며 누나랑 집 뒤 범바위 위쪽 증조할아버지 산소에 올라가 놀다가 진달래꽃 한 아름 꺾어 왔을 때 몸져누워계시던 증조할머니께서 〈거기 문둥이 나오는데 왜갔느냐〉 야단치시던 기억이며 또 어느 날 이웃집마당에서 삼촌과 동네 아저씨들 동전치기 하는 구경하면서 마침그때 하늘높이 흰 구름 줄그으며 날아가는 비29비행기 쳐다보고 있을 때 누군가 나에게 〈할아버지 오셨어〉하여 뒤돌아보니 내 뒤에서 어린손자를 내려다보시던, 나의 기억속의 유일한 모습이신 할아버님께서 이 손자를 내려다보아주시던 그 모습이며 또 한 가지 어느 겨울 날 큰아버지와 아버지가 덫에 걸린 산돼지 한 마리를 끌고 오시어 이웃집사람들까지 몰려와 마당이 들썩였던 그 기억이라든가 아마도 나의 유년시절 고향에서의 기억들이란 위에 열거한 것들이 그 전부인 것이다. 그러니 누구나 유년시절에는 이만한 기억들은 지니고 있을

법한 아주 평범한 기억들에 지나지 않는 것들일 텐데 왜 나에게는 이토록 그 고향이 틈만 나면 그리워지고 가고도 싶어지는 걸까.

좀 더 생각해보니 그 이유는 6 · 25전쟁 때문일 것이다. 내 나이 13살 때 6 · 25전쟁을 맞아 가족들 친척집 여기저기 흩어져 살 때 나는 고향 당숙 댁에서 지내면서 당숙 댁 뒷산 새매기고개 너머 중미산 계곡 다래넝쿨 속 바위굴에 숨어계신 아버지에게 나무꾼인양 지게 지고 아버님 잡수실 음식 날라드리던 그 세월이 있었던 것이다. 그해 9 · 28 서울 수복까지의 4개월 고향에서의 짧은 기간은 지금도 나에게는 한 30년이라도 되는 긴 세월인 듯 여겨지는 것이다. 왜아니 그렇겠는가. 13살 나이에 어머니와 누나 동생들은 뿔뿔이 흩어져 친척집에 머물고 아버지는 중미산 다래넝쿨 바위굴 속에 숨어계시고 그 먼 산길을 유일한 친구 검둥이를 앞세우고 혹시나 아버지가 경찰관인 걸 알까 봐 동네 빨갱이들 보면 눈치보고 또 인민군들이라도 만나면 아버지 들키면 어쩌나 걱정하고 어린나이에도 아버지 숨겨주시는 당숙할아버지 고마워 아이들 업어주고 소꼴도 베어주고 안 해보던 별아 별 심부름 다해가면서 비록 며칠에 한번 아버지는 찾아가 뵈옵기는 했지만 13살 그 아이 얼마나 외로웠겠는가.

그러고 보니 또 다른 이유도 있다. 고향을 그리워하는 것도 일종의 귀소본능이 아니겠는가. 연어도 저 태평양 바다로가 살다가 알 낳고 죽을 때 되면 자기 태어난 강이나 개울로 거슬러 돌아오고 새들도 둥지를 틀 때면 자기 태어난 고향 쪽으로 튼다 하지 않는가. 그러니 나도 이제 나이 많이 들어가니 고향 생각이 이토록 부쩍 늘어가는 것인가 보다.

액자 속의 조상님 필적

내 서제 책상 좌측 벽에는 액자가 하나 걸려있다. 그 액자 속에는 〈高麗國 延請妙香山普賢寺記皇統二年壬戌十一月日內降御筆題額文林部試尙書兵部侍郎兼東宮侍講學士賜紫金魚袋臣文公裕奉宣書〉라고 붓글씨로 쓰여 있다. 그 내용을 번역해보면 〈고려국 임금님의 요청으로 묘향산의 보현사비문을 쓰다. 황통 임술년(1141년 인종19년) 11월에 삼가 임금님 글씨에 글을 더하다. 문림부시상서 병부시랑 겸 동궁시강학사자금어대신문공유 이 글을 올림〉

이 묘향산 보현사사적비의 제자題字는 인종왕이 썼고 비문은 김부식이 썼으며 비명과 음기는 문공유 선조께서 쓰신 것이다. 이 비문을 천고삼절〈千古三絕〉이라 불리며 국보로 지정되어 내려오고 있다고 하는데 언제나 통일의 그날이 와서 이북 땅 개성근처

송악산에 있다는 그 보현사를 찾아가 볼 수 있을지 모르겠다. 고려 때의 유명한 문신 겸 문인인 이규보(1168-1241)는 그의 저서 동국이상집에서 문공유는 묘품이현이라 칭하였고 조선시대의 문신 겸 학자이며 후에 영의정에 추서된 이수광은 그의 저서 지봉유설에서 이규보의 평이 잘못되었다하면서 우리나라에서 글씨로 유명한 사람은 신라 때의 김생 고려 때의 요주일과 문공유 문극겸 이암 승 담영 영업이며 조선시대의 안평대군 강희안 성임 황기등이 뛰어난 명필가들이라고 했다.

이처럼 명필로 이름을 날리신 문공유선조님은 형제가 4분이셨는데 4분 모두가 좌의정 우의정과 같은 높은 벼슬을 하셨고 막내이신 문공유선조님의 아드님 문극겸선조님 또한 그런 높은 벼슬을 하시여 이때야말로 남평문씨의 전성기였다 할 수 있겠다. 이 문공유선조님이 나에게는 33대조 할아버님이 되신다. 바로 이 할아버님이 쓰신 붓글씨가 내 서재 책상 옆 벽에 걸려있는 것이다. 비록 액자 속의 붓글씨가 진본이 아니고 문중대종회에 보관된 원본으로부터의 사본이긴 하지만 소중한 조상님의 유물이라 그런지 마음 따뜻하게 적셔주는 것이다. 지금으로부터 880여 년 전에 쓰신 저 붓글씨! 지금도 묘향산 보현사 사적비에 새겨져 내려온다는 저 붓글씨! 살아생전 한번 가 볼 수 있으면 얼마나 좋을까 하는 생각 간절하다.

요즈음 세상은 너무나 많이 변했다. 조상숭배사상은 퇴색되어 버렸고 부모에 대한 효 사상마저 희미해간다. 정신적인 가족유대의식조차 허물어져 가고 개인적이고 이기적인 사상이 지배를 한다. 물질의 풍요만을 외치는 기계와 과학문명은 자연을 파괴하여 지구 또한 병들어 아사직전이다. 세계는 지금 재앙의 시대를 맞이하고 있다. 얼마나 오래 견딜지 아무도 모른다. 이상기후로 인한 홍수와 태풍 지진과 해일로 이제 사망자는 수천 명이 보통이다. 이제 북극과 남극의 빙하도 녹아내리고 히말라야 알프스 킬리만자로 정상의 눈도 녹아버릴 것이다,

세상을 구하고 지구를 구하고 인간을 구하는 길은 무엇인가! 첫발걸음이 인간성 회복이다. 가족을 사랑하고 이웃을 사랑하고 자연을 사랑하여 서로가 서로를 사랑하는 더불어 살아가는 인간성 회복이다. 나처럼 880년 전 조상님의 붓글씨를 걸어놓고 감개무량해하는 꼴을 비웃는 세상이 되어서는 아니 될 것이다.

할아버지

아가들은 말을 배우기 시작할 때 할아버지란 말을 하기가 제일 어려운가 보다. 내 경우로 보면 어떤 아가는 할아버지를 〈찌〉라 부르고 어떤 아가는 〈하지〉라고 또 어떤 아가는 〈하야지〉라 부르기 시작한다. 내게는 시골 큰댁에 사촌형님이 살고 계신데 나를 인사시키며 〈서울 할아버지야〉 하니 그 손자가 나를 〈서울 찌라〉 불러 그 발음이 어설퍼 〈서울 쥐〉라 들려 방안을 웃음꽃으로 피운 적이 있었다.

아가들이 처음 태어났을 때 〈응아응아〉 하고 울음을 터트린다. 이 소리는 틀림없이 아가를 열 달 동안이나 뱃속에서 키워준 엄마를 부르는 소리일 것이다. 그리고 결국 아가들이 제일먼저 부르는 엄마라는 소리로 변하게 되는 것이다. 그다음 아가들은 아빠소리를 하게 되고 그 다음은 할머니를 하머니라 부르기 시작하니 아마도 할아버지는 그 서열이 4위 밖으로 쳐져있게 마련인가 보다. 그러나 이것은 어쩔 수 없는 하늘의 이치인 것은 엄마아빠는 늘 아가 곁에 있어주지만 할머니 할아버지에게는 어쩌다가 만나 안아주고나 하는 기회가 올 뿐이지만 그것만으로도 감지덕지하는 수밖엔 없는 것이다.

나또한 할아버지가 되어보니 내리사랑이라는 걸 알게 되었다. 부모가 자식들을 사랑하는 것도 내리사랑이지만 할아버지와 할머니가 손자손녀들을 사랑하는 것도 내리사랑이다. 그리고 아마도 증손자와 증손녀들을 보게 되도록 오래 사는 경우라면 더더욱 심도 깊은 내리사랑을 하게 될 것이다. 그러나 서글프게도 인간의 수명은 유한하여 고손을 본다는 것은 매우 어려운 일임에 틀림없다 하겠다. 그리고 자연의 섭리 또한 치사랑을 용납하지는 않는 편에 서 있는 것이다. 옛날 농경시대에는 노인들이 대접받는 효의 유교사상이 이 나라 국민들의 기본사상이었지만 21세기 기계물질문명의 발전은 대가족에서 소가족으로 소가족에서 핵가족으로 심지어는 결혼거부사회로의 변천을 태동하기 시작한 것이다. 여기에 맞물려 일어난 의학의 발전은 고령사회를 출현시켜 노인들이 사회나 가족에게서 소외되는 세상이나 오지 않을까 걱정이 되기도 하는 것이다.

그러나 나는 확신한다. 아무리 세상이 험악하게 변한다 해도 할아버지의 아가사랑은 변하지 않을 것이다. 아가들이 태어날 때 탄생의 기쁨을 울어 재치는 응아응아 소리도, 엄마 아빠를 부르는 아가들의 예쁜 입놀림도, 그리고 찌, 하야지. 하지라 부르는 아가들의 소리도 이 세상 다하도록 변치 않을 것이다. 아가들이 무럭무럭 자라나 새로운 희망의 세계에서 가장 행복한 저들 나름대로의 인생을 살기를 바라는 것만이 이 할아버지의 소망인 것이다.

문득 나의 할아버님 생각이 난다. 나의 할아버님께서도 그 여러 손자손녀들과 3대에 걸쳐 한집에서 사셨으니 그 귀여운 어리광들을 왜아니 즐기셨겠는가. 나는 내 나이 6살 때 고향의 할아버님 곁을 떠나 아버님 직장 따라 멀고먼 이북 청진으로 가족과 함께 떠났다. 우리식구가 청진으로 떠난 그 다음해 할아버님은 돌아가셨다고 한다. 어렸을 때 할아버님에 대한 기억은 거의 없고 다만 한번 윗집마당에서 놀고 있을 때 누군가가 〈할아버지 오셨다〉 소리치기에 뒤돌아보니 키가 작으시고 머리를 짧게 깎으신 노인이 깊은 사랑의 눈으로 내려다보고 계셨다. 그것이 할아버님에 대한 내 기억의 전부인 것이다. 어머님 살아계실 때 나는 어머님에게 〈어머니 우리 시골에서 살 때 할아버지가 나를 업어주신 적이 있나요〉 하고 여쭈어본 적이 있었다. 그랬더니 어머님께서는 〈그렇고말고 할아버지 잔등에 네 침이랑 콧물이 마를 날이 없었단다. 왜냐하면 네 아버지와 나는 농사짓느라 들에 나가면 할아버지가 너를 업고 계셨으니까〉 라고 말씀해주셨다.

세월은 너무나 빠르다. 누구나 빠르게 늙어 할아버지가 된다. 나를 〈서울 찌〉라 부르고 나의 사촌형님인 제 할아버지를 〈시골 찌〉라 부르던 그 아가가 어느새 고등학교 1학년이 되었고 내 큰아들도 한 10년 있으면 할아비가 될 것이니 참으로 걷잡을 수 없는 세월이 아닌가. 그러나 역시 아가들은 말을 배울 때가 더 귀엽고 사랑스럽다. 그때가 지나가서 유치원이나 초등학교에 들어가면 그때부터는 그들 인생을 사느라 바쁘게 된다. 그러니 아가들을 사랑하는 할아버지는 더 빨리 풍화 되어 사라져 가는 게 주어진 인생길인 것이다.

가승보家乘譜

나의 서재에는 내가 가장 소중히 여기는 아주 오래된 책이 한 권 자리 잡고 있는데 그것은 다름 아닌 나의 5대조께서 손수 붓글씨로 써내려주신 가승보인데 그 세월이 180년이나 경과 된 터로 그야말로 고색이 엄숙하여 함부로 만지거나 들추어보기도 어려운 외경의 신비로 싸여있다. 하도 필체가 명필인지라 친지들에게 자랑을 하면 꼭 인쇄한 글씨 같다고 찬탄을 받고는 했다.

이 가승보를 쓰신 그 당시만 하더라도 나의 5대조님의 친족형제분들은 10분이셨고 모두 12촌 안쪽이어서 시조님으로부터의 상계혈통계보는 지금 우리 대代보다는 그 복잡성이 없었다 하겠지만 29페이지에 달하는 전반부에는 문다성시조님과 충숙공문숙겸전 그리고 충선공문익점선조에 대한 수많은 학자들과 정치가들의 찬문 찬시를 명필로 쓰시어 내려주신 것이다.

양평문중의 장손이 되시는 5대조께서는 처음에는 이 가승보를 여러 권을 붓글씨로 쓰시어 친족들에게 나누어 주셨겠지만 지난 6.25전쟁으로 다 소실되었고 다만 4촌 동생 되시는 분의 후손 한 분에 의해 보전되어 내려온 한 권이 남게 되어 바로 이 가승보 한 권이 영광스럽게도 나에게 전해져 보관되고 있는 터이다. 그것은 지난날 문중선산욕심에 눈먼 자가 생겨 조상님들 잠들어계신 선영을 자기 땅이라고 재판을 걸어와 12년 간이라는 긴 세월을 문중어르신들과 함께 대항해 싸워 승소를 한바 있었는데 그 승소에 이 가승보가 큰 역할을 해주었으며 그때 모든 서류를 준비하던 나에게 수고했다며 이 소중한 가승보를 넘겨받게 된 것이다. 원래 5대조님의 장손은 나의 8촌 지간 동생인데 연락도 닿지 않은지 반백년이나 넘었으니 인계해 줄 수도 없고 기증해주신 집안어른도 나 아니면 다시 회수해 갈 것이기도 했다.

나는 이 가승보를 자랑스럽게 생각하며 내가 소장하게 된 것을 광영으로 여긴다. 그래서 해가 갈수록 점점 퇴색해가고 파손되어 가는 것 같아 안타깝게 생각한다. 그래서 요사이 최첨단 기계에 의해 또한 질 좋은 종이를 구하여 몇 십 권 복사를 하여 집안 친척들과 자식들에게 나누어주려고 준비 중이다. 그리고 이미 나는 5대조님의 이 가승보를 2001년 출간한 〈남평문씨헌납공파휘응태계세보〉에 특별히 남겨주신 유언을 원문대로 게재했고 호화장정으로 엮은 그 책표지 앞뒤 바탕을 그 유언의 필체 그대로 하여 출간을 했기에 앞으로 몇 백 년이 흘러가도 전국 후손들로 하여금 기억하고 추모받으실 수 있으리라 확신한다.

5대조께서는 이렇듯 소중한 가승보를 내려주셨을 뿐 아니라 나에게는 사랑하는 나의 고향을 내려주시었다. 젊어서는 할아버지께서는 좀 더 넓은 곳이나 아니면 선산에서 가까운 양평이나 옥천에서 그냥 머물러계시지 어찌 하여 그토록 험한 첩첩산골로 오시여 새로운 삶을 시작하시여 후손들로 하여금 경제적으로 어렵게 해 주셨을까 그리하여 후손들 제대로 공부도 못하고 사회 진출도 못하게 하셨을까 하고 원망도 했지만 나이 들고는 아! 우리 할아버님이 후손들에게 무릉도원武陵桃源을 내려주셨구나 하고 생각을 달리하게 된 것이다, 충정대부사헌부 감찰이라는 높은 벼슬까지 지내시고 낙향하신 할아버님께서는 이곳에서 유유자적 글이나 읽고 시라도 쓰신 건 아닐까 하고도 생각해 본다.

지금도 눈감으면 떠오르는 내 고향 양현! 농다치고개 넘어서면 눈앞에 나타나는 높다랗게 솟은 중미산! 그 산 산자락 밑에 아스라이 내려다보이는 조그만 두 집, 한 집은 내가 태어난 고향집 다른 한 집은 옛날 5촌 당숙 네가 살던 집. 어렸을 때 추억이 떠오르는 고향집, 저곳이 어찌 무릉도원武陵桃源이 아니겠는가!

일기장 속의 벌초기伐草記

1985년 일기장 속을 들추어 보다가 우리 일가의 벌초기가 기록되어있는 걸 읽을 수가 있었다. 지금으로부터 22년 전 내 나이 47세 후반 까마득한 옛날의 고향 벌초이야기를 읽게 되니 새삼 감개가 무량하다. 지금은 고향 농다치고개 너머 선영으로 이장들 모시어 가 볼 수 없는 고향, 그 고향이 내 일기장속에서 숨 쉬고 있는 것이다. 지금도 눈에 선한 고향산촌의 그림 같은 아름다운 정경들이 일기장 속에서 나를 반갑게 맞아 주는 것이다. 더욱이 이 일기장 속에는 지금은 돌아가신지 오래인 나의 부모님 백부님 당숙님도 계시고 내 동생과 사촌들, 그리고 젊었던 내 아내와 어렸던 내 아들들도, 그리고 조카들이 다들 모여 고향 산천이 시끄럽도록 왁자지껄 떠들며 이산 저산 산소를 찾아 벌초를 해드리고 있는 것이다.

항상 벌초 때는 머루다래가 한창이고 이곳저곳에서는 더덕 향기가 진동함으로 어른들만 벌초작업을 할뿐 아이들은 머루다래 따고 더덕 캐는 재미에 시간가는 줄 모르다가 점심때가 되면 집안 여인네들이 음식을 장만하는 계곡 물가로 몰려 내려와 서로 따온 머루다래를 자랑하며 그래도 철이든 아이들은 어른들 술안주로 흐르는 산골 물에 씻어 입에 넣어드려 칭찬을 받기도 하는 것이다. 이렇게 하여 아이들은 고향 추억을 가슴속에 가득 품어 자라게 되고 또 어른이 되면 지난날 어른들이 하시던 대로 벌초가 끝나면 꼭 아이들을 불러 절만은 올리게 하고 어느 조상님 산소라는 걸 알려주는 것이다.

180년 전 조선 순조대왕 때 사헌부감찰벼슬까지 지내시다 낙향하시어 이곳 고향을 처음 찾아 삶의 터전 이루시어 후손들 이어주신 5대조 할아버님께서는 어찌하여 이 첩첩산골로 오시어 터전 닦으시어 5세손까지 보셨을까. 학문도 깊으시어 유려한 붓글씨로 가승보까지 써서 내려주셨는데. 이처럼 그리운 고향 내려주신 것 고맙게 생각하다가도 그 어떤 사연에 그러셨을까 궁금증 또한 사라지지 않는다. 하지만 지금은 오로지 내 가슴 속에만 추억의 고향으로 있을 뿐 잃어버린 고향이 된 것이니 6.25전쟁 직후까지 고향을 지키시던 당숙할아버님 댁마저 농다치고개 너머 옥천으로 이사 오셨고 조상님 묘소도 다 이장모시여 고향은 오로지 추억 속의 고향이 되어버린 것이다.

잃어버린 고향이라 찾아가보지는 못하고 그저 이따금 추억속의 고향만을 그리워하며 지내던 중 오늘 우연히 들쳐본 일기장 속에서 만난 내 고향 벌초기 속 얼굴들 어찌 내 마음 이리도 그립게 할까.

고향의 추억 시 한 편을 마음속에서 불러 여기에 써본다.

추억의 고향

산골 물가에서 음식 장만하던 집안 여인네들
엄마 곁에서 물장구치며 호랑나비 쫓던 아가들
이산저산에서 우우 군호 보내주던 남정네들
벌초 끝내고 술잔 나누며 아가들 재롱 즐길 때
온몸 감싸주던 매미소리에 포근하던 고향 품안

고향은 잃어버리지 않고 내 맘 속에 살아 있네
내 본적에는 아직도 고향 이름으로 기록되어있고
내 온몸과 마음에는 고향의 푸른 하늘이 있고
흐르는 계곡 물줄기는 내 가슴 실핏줄이라네
늦기 전 한번 찾아가 소리쳐 주려네 사랑한다고

할머님

할머님! 오늘은 할머님 73주기 제삿날이옵니다. 잠시 후 의정부 사촌형 댁으로 가 제사를 올리기 전에 할머니 생각을 하고 있습니다. 이 나이 많이 먹은 손자는 할머님 얼굴도 모르옵니다. 제가 이 세상에 태어나기 8년 전에 돌아가셨으니 알 수가 없지요. 다만 오늘처럼 제삿날이나 찾아뵙고 절을 올려드리거나 고향땅 양현에 년중 한번 벌초나 가서 절을 올려드리는 게 고작이었지요. 그런데 할머님 어쩌다 그리 젊은 연세에 돌아 가셨나요. 족보를 드려다 보니 44세 젊은 연세로 돌아가셨군요. 그러니 백부님 고모님이나 아버님과 두 삼촌들도 그때 연세 서너 살이나 10살 조금 넘었을 때였으니 어찌 눈을 편히 감으셨겠어요. 이제는 다들 할머님 곁으로 가셨으니 그곳에서 함께 못다 한 정들 나누시겠지요.

할머님! 지금은 용천리 선영으로 이장모시어 할아버님과 합장으로 계시니 마음 편안하시겠지요. 저는 어려서부터 고향 양현으로 벌초를 다닐 때면 왜 할머님 산소는 농다치고개에 계시고 할아버님 산소는 맞은편 고향집 뒷산 작은 새매기고개 중턱에 서로 멀리 떨어져 계실까 하고 못마땅하게 생각하곤 했지요. 그래 첫 시집에도 다음 같은 시를 썼지요.

할아버님 산소와 할머님 산소

왜 옆에 함께 계시지 않으시고
멀리 떨어진 건너편 산에서
서로 마주보고 계십니까

두 분 서로 아무리 불러보셔도
두 분 서로 말씀 좀
나누시려 하셔도

저 산새소리 저 산골 물소리
저 산바람 소리에 아무런 말씀도
안 들리실 텐데요

할머님! 할머님의 아드님들과 손자들이 이장모시어 계신 지금의 용천리 선영에는 증조부모님과 큰 아드님 내외분 양편으로 계시고 일찍 떠난 후손들도 다들 모여 계시니 이 손자도 마음 뿌듯하답니다. 오늘 저녁 할머님 제사에도 다들 함께 오시겠지요.

할머님! 이제와 가만히 생각해보면 이 늙은 손자가 비록 할머님 살아생전 뵙지는 못했고 할머님 사랑도 받아보지는 못했지만 몇 년 전 할머님과 할아버님 이장모실 때 저는 할머님을 뵈웠지요. 비록 유골로 변하셨지만 칠성판에 모시면서 정성껏 닦아 드렸지요. 그때는 웬만하면 무서운 생각도 들만 했지만 전연 그렇지 않았고 오히려 평생 처음으로 닦아드리는 할머님의 유골에서는 따스한 온기가 내 몸속으로 스며드는 느낌을 받았지요.

할머님! 이 늙은 손자 내외에게도 아들 넷이 되고 손자 손녀들이 일곱 명이나 되옵니다. 아내가 그 아이들 사랑하는 걸 지켜보노라면 할머님 사랑을 못 받아 본 내가 가엾게도 생각 됩니다. 그리고 손주들 커가는 걸 보면 이렇게 할머니 생각이 더 간절해집니다. 할머님 조금 후 할머님 제사 드리려 의정부 형님네 집으로 떠나옵니다. 이렇게 할머님에 대한 푸념을 늘어놓고 나니 마음이 한결 가벼워졌습니다.

설날차례와 성묘

설날 전날부터 설날까지 비가 온다 하더니 설날 오늘아침 날만 좋기도 하다. 불암산 산마루 하늘은 벌써 해가 솟아오르고 있는지 붉은빛을 띄우고 있다. 설날 하면 매우 추운 기억만 나는데 오늘 설날 아침은 봄날처럼 포근하다. 이제 식구들도 다들 모였고 차례 상도 준비가 다 되었다. 나는 테라스로 나가 불암산 너머 부모님 산소 쪽 하늘을 향해 두 손을 모으고 공손히 허리 굽혀 〈아버님 어머님 어서 오세요〉 하고 말씀 올린 후 앞에 모시고 마루로 들어온다.

독일에가 살고 있는 셋째아들네 식구만 제하고는 부모님 자손들은 다들 모였다. 동생네 식구와 내 식구 다모여 17식구가 된다. 향도 피웠고 촛불도 밝혔고 차례 상도 정성들여 준비가 완료되었다. 차례가 진행되는 동안 어른들은 부모님 살아생전 영정을 보며 지난날의 부모님과 할아버님 할머님을 생각하고 세돌 지난 사촌지간 손자 놈 둘은 방향도 없이 엎드려 그래도 절을 한답시고 재롱을 부린다. 그놈들 재롱에 차례지내는 마루와 집안은 웃음꽃이 핀다. 부모님들도 증손들 내려다보시며 귀여워하실 것이다. 차례는 끝났고 음복들을 한다. 이제는 큰 손자는 음복에 참여할 수 있는 자격이 있어 그런지 싫다않고 받아 마신다. 키가 나보다 더 큰 손자가 대견스럽기만 하다.

세배를 받고 세배 돈을 주고 나니 설날 아침 떡국상이 차려진다. 설날아침 떡국 한 그릇 먹어야 한 살 더 먹는 걸로 알았던 옛날 생각하며 부지런히 식사를 끝내고 난후 며느리들과 아기들은 집에 남고 우리형제내외와 아들들 조카 그리고 큰손자 이렇게 모두 2대의 차에 나누어 타고 성묫길에 오른다. 차로 1시간거리, 우측으로는 강물이 흘러가고 좌측으로는 산들이다. 이 겨울 앙상한 나뭇가지들이 펼쳐지는 산보다는 햇볕에 반짝이는 강물 쪽이 더 좋다. 강 건너 산의 소나무 잣나무들은 겨울에도 싱그러운 모습을 보여준다. 새삼 조상님들께 감사하는 마음이 든다. 한 시간 거리에 고향과 선영들을 이어 내려주셨으니 이 얼마나 고마운 일인가. 명절날 티브이에서 보여주는 성묫길은 명절 며칠 전 부터 전국도로차량들이 막히고 더구나 섬일 경우에는 배도 갈아타야만 하던데 우리가 지금 가는 성묫길은 얼마나 편안한 성묫길인가. 다시 한 번 고마운 생각이 든다.

부모님 산소에 도착해 잠시 산소주변을 준비해간 낫으로 정리를 해 드린 후 식구들 모두 함께 절해 올려드리고 나서 우리 모두는 또 용천리 선영으로 간다. 선영이 계시는 곳은 용문사 절이 있는 용문산이 아니라 그 용문산의 뒷산 초입이다. 이 산으로 오르면 개울 양쪽으로 별의별 음식점들과 신축 건물들이 늘어가고 있다. 공기 좋고 물 좋다 하니 돈 있는 사람들 몰려들어 난개발이 한창이다. 산중턱 못미처 좌측 산자락 등성이에 오르니 우리 앞에는 증조부모, 조부모, 백부모, 숙부모 그리고 사촌형님 내외분의 묘소가 나타났다. 우리는 모두 절해 뵈었다.

이렇게 해서 오늘 설날의 차례와 성묘는 끝을 맺은 것이다. 이제 집으로 가서 쉬다가 모두들 제집으로 돌아가면 집에는 우리 두 내외만 남게 되는 것이다. 집으로 돌아가는 차속에서 한강을 내다보며 성묘해드리고 떠나온 아버님과 어머님을 생각한다. 돌아가신지 얼마 안 되는 거 같은데 아버님은 17년째, 어머님은 5년째가 된다. 부모님 산소 주변을 한 바퀴 돌면서 들여다 본 나무들이 생각난다. 홍 매실은 벌써 연녹색 몽우리들을 맺고 있었고 청매실들은 가지들을 발그레 붉혀가고 있었으며 개나리와 산수유도 꽃 피울 준비를 하고 있었다.

벌초 길의 하늘

벌초하러 가는 차창 밖으로 하늘만 바라본다. 태풍 영향권에 들어섰다는 새벽티브이뉴스를 생각하며 하늘만 바라본다. 하늘에는 흰 구름들이 별의별 모양으로 잠자듯 멈추어 있다. 흰 양떼들 같은 그 흰 구름들 사이로 파란 하늘이 내려다보고 있다. 다만 저 동쪽 산마루 하늘은 불그레한 구름들이 카펫을 깔아놓고 솟아오르는 아침 태양을 맞이할 준비를 하고 있다.

저 하늘이 어찌 태풍이 몰아칠 하늘이란 말인가. 티브이 일기예보에서는 오늘부터 내일까지 태풍영향권에 들어 많은 비가 내리고 강풍까지 몰아친다고 해서 벌초 길을 망설이다가 이른 새벽 일어나 하늘을 보니 비올 것 같아 보이지 않아 떠나오긴 했어도 자꾸만 차창 밖 하늘만 내다보며 걱정을 하고 있었는데 저리도 하늘이 멀쩡하니 이제는 안심해도 될 것 같다. 조상님들이 돌보아주셨나보다.

오늘 벌초를 못해 드리면 다음 일요일은 추석 전날이라 벌초하기에는 너무 늦은 것이다. 약간의 비를 감수하고라도 오늘 벌초를 해드리기로 결정을 했고 그래서 해뜨기 전 새벽에 길을 떠나 빨리 해드리고 큰 비 오기 전에 돌아오기로 작정한 것이 참 잘했구나 생각이 든다.

그러나 이게 웬일인가. 차로 30분쯤 달려 팔당 땜을 지날 때 갑자기 하늘이 검은 안개로 덥혀 그 푸르고 높던 하늘과 흰 구름이 자취를 감추어버리고 앞에 달리는 차나 뒤에 달려오는 차들도 전조등과 후미 등을 켜고 서행을 시작했고 우측의 한강물이나 좌측의 산등성이조차 검은 안개 속으로 반쯤은 몸들을 숨기고 있는 것이 아닌가. 차안의 식구들이 걱정한다.

〈아버지 이거 태풍이 닥치는 거 아닌가요.〉 하고들 나를 쳐다보기에 〈아니다. 이건 안개야. 이곳은 땜으로 물이 고여 있고 그 수면이 방대하여 수면의 온도와 이 지역의 온도차이가 많아 생기는 안개란다. 그래 우리 농장에도 안개비료 라는 명목(名目)으로 한국전력에서 무상으로 한포씩 1년에 한 번 보상해준단다. 또 누가 아느냐 이곳은 안개 도깨비들이 살고 있어서 그런지〉하고 뒷말에 농을 부쳐 말하며 어린손자 두 놈을 보니 도깨비라는 말에 놀라 눈을 크게 뜬다.

차가 국수리쯤 지나고부터 검은 안개는 걷혀졌다. 그러나 하늘은 서울을 떠날 때 그 하늘과는 다르게 검은 구름들이 낮게 드리워지고 있다. 큰댁으로 들어가 여러 친척들과 함께 강상면 선영에 도착했다. 7대조부터 고조부 내외분까지 4대의 합영지묘가 키만큼 자란 잡풀과 잡목에 잠겨져있다. 예초기 4대의 요란한 작동소리가 산천을 울리고 주변의 나무들을 잘라내는 소리가 요란하다. 많은 식구들이 힘을 합쳐 일을 나누어 하니 오전에 벌초를 끝냈다. 윗대부터 잔을 올리고 음복들을 하고 하산하여 큰댁으로 다시 가서 술 한 잔들 나누고 서둘러 서울로 떠난다.

드디어 빗방울이 차창에 떨어지기 시작한다. 하늘은 온통 검은 구름으로 덮였다. 바람도 세차게 불기 시작한다. 이제야 태풍영향권에 들어섰나보다. 이제는 빗줄기로 가려 차창 밖 하늘을 바라볼 수도 없거니와 바라볼 필요도 없다. 오늘 할 일을 무사히 완수하게 하여주신 조상님들께 감사드리는 마음 가득하다. 자동차의 라디오를 켜게 했다. 나리라는 태풍이 제주도를 강타하여 11명 사망실종 했으며 반년에 올 비 580미리가 하루에 쏟아져 엄청난 재난을 주고 있다한다. 그렇다면 아침에 차창 밖으로 본 그 동쪽 산마루하늘의 불그레한 구름들이 카펫을 깔아놓고 솟아오르는 아침 태양을 맞이할 준비를 하고 있던 그 모습이 태풍을 끌고 오는 모습이었단 말인가. 생각할수록 어이가 없다.

낙엽송 수림 속 아버님

오늘은 벌초하러 가는 날이다. 아침 일찍 모여든 아들들과 손자들이 차 두대로 나누어 타고 고향 근처 세 군데 조상님들 묘소에 벌초해 드리려 집을 나선다. 큰댁식구와 작은댁식구들도 모두들 선영으로 몰려올 것이다.

우선 강산면 선영으로 모여 7대조로부터 고조부모까지 4분 내외분상을 벌초해 드리고 나서 용문산자락 용천리 선영으로 가서 증조부모님으로부터 조부님 백부님 숙부님 내외분 묘소를 벌초해 드리고 마지막으로 옥천면 향교 옆 산자락에 잠들어계신 나의 부모님 산소를 벌초 해드려야 한다.

벌초하러 가는 날은 일요일로 잡기 때문에 아들들과 손자들 함께 가는 벌초 길은 떠들썩 즐겁기만 하다. 묘소까지 가는 길은 한 시간 반쯤 걸리는 거리라 그리 지루하지도 않다.

벌초 길에 들어서면 언제나 아버님 생각이 난다. 차창 밖으로 유유히 흘러가는 남한강을 내다보면서도, 스쳐지나가는 우거진 산들의 푸른 숲들을 보면서도 언제나 아버님얼굴이 떠오른다. 그 옛날 아버님 따라 고향으로 조상님산소들 벌초하러 다니던 그때 그 아버님 모습이 떠오른다. 지금은 고향에 계시던 조상님들 묘소 모두 이장들 모셨고 고향이라야 일가친척 한 분도 살고 있지 않아 가 본지도 오래인 그 고향에서의 아버님 생각만 나는 것이다.

그중에서도 특히나 그 어느 벌초 날 그 낙엽송 수림 속 아버님이 생각나는 것이다. 고향집 뒷산 아래새매기 고개중턱 할아버님 산소 옆 우거진 낙엽송수림에서 나를 내려다보시던 아버님의 그 자애로우시던 눈길이다. 그때를 생각하면 아버님의 깊은 사랑이 다시금 그리워지고 아버님께 해드렸던 불효막심했던 지난날이 죄송스러워지는 것이다.

그날도 무척이나 무더웠던 날이었지만 아버님과 재당숙님 그리고 사촌들과 조카들, 그리고 내 아들들 다들 힘을 합쳐 이산저산 조상님 산소들을 벌초해드리고 이제 고향집 뒷산 쪽으로 건너와 할아버님 묘소 벌초를 끝내고 오늘의 마지막 코스인 증조할아버님산소로 갈 차례였다.

모두들 내려가는데 나는 힘에 버거워 지쳐 할아버님 산소 옆 낙엽송 수림 속 어느 바위에 등을 대고 누어버렸다. 잠깐 누었다 일어나 따라 내려가려던 것이 나는 그만 깊은 잠에 떨어져버린 것이다. 한 30여분 코를 골며 자던 내가 눈을 뜨니 아버님이 나를 내려다보고 계셨던 것이다.

나는 지금도 그때 내려다보시던 아버님의 자애로우신 그 눈길을 잊을 수 없는 것이다. 70대노인은 50대 아들 잠자는데 혹시나 뱀이나 벌레에게 물리지나 않을까 걱정이 되어 내려가시지 않고 이 아들을 지켜봐주고 계셨던 것이다.

내가 이렇듯 고향에서의 그 낙엽송 수림 속 아버님을 생각하는 것은 내가 유별나게 고향을 사랑하기 때문이기도 하지만 바로 그 낙엽송 수림 넘어 중미산 계곡 다래넝쿨 바위굴속에서 지난 6·25전쟁 때 경찰관으로 계시다 긴급히 고향으로 피신가시여 당숙할아버지의 도움으로 숨어계실 때가 나의 머리에 깊이 각인되어있기 때문일 것이다. 13살이었던 이 아들이 지게 지고 나무꾼인 양 남들 몰래 음식 날라드리다가 9·28 서울수복으로 서울로 가시어 본대에 합류하신 그 4달간의 기간은 4개월이 아니라 40년의 긴 세월만 같이 지금도 느껴지는 것이다.

왜 아니 그랬겠나. 13살 나이에 그 혹독한 하루하루를 보냈으니! 어머니는 젖먹이 동생과 10살 된 누이동생을 데리고 농다치고개 너머 사촌친정에 머무시고 누나는 옥천 큰댁에 머물고 아버지는 당숙할아버지 댁 뒷산 중미산 계곡 바위굴에 숨어계시고 나는 당숙 댁에 머물며 어린 아기도 업어주고 들에 소도 몰고나가 소꼴도 먹이며 이러저런 심부름도 하며 이 삼일에 한번 나무꾼처럼 지게를 지고 아버님 잡수실 음식 남몰래 져다드리던 어느 날에는 집 앞까지 내려오다 밤 따는 인민군들 보고 놀라 혹시나 이들이 아버지 숨어계신걸 알면 어쩌나 걱정을 하면서도 능청스럽게 그들에게 다가가 〈아저씨 나도 밤 좀 따줘요〉 하던 그 13살 아이, 말동무나 친구 하나도 없이 단하나 친구 검둥이와 지내며 어머니 누나동생들 그리워하며 지낸 그 아이였으니 일일여삼추一日如三秋

란 말이 바로 그때 그 아이의 처지가 아니었겠는가. 그래서 그 짧은 기간이 그렇게 긴 세월로 기억되고 고향과의 삶도 그리 길게 생각되며 고향과의 정 또한 깊어진 것 아니겠는가.

나의 첫 시집에 게재한 시가 생각난다.

낙엽송 수림 속 아버님

70대 아버님께서는
50대 아들 곁에 앉으시어
아들 잠깰 때까지 지켜주셨네

할아버님 산소 벌초 끝내고
낙엽송 수림 속에서 쉬다가
깜빡 잠든 아들을 지켜주셨네

잠시 후 아들이 눈을 떴을 때
아버님의 시선과 푸른 낙엽송이
눈 속으로 박혀들었네

그것이
아버님 마지막 벌초길이란 걸
아들은 예견치 못 했다네
아! 1년 앞을 못 본 불효

아버님 쉬시게 해드리고
아버님 곁에서 잠깨실 때까지
내가 지켜드릴 걸

6부

글을 쓰는 이유

글을 쓰는 이유

왜 글을 쓰느냐 그것도 가끔가다가 글을 쓰면 몰라도 왜 그리 매일 하루도 거르는 적 없이 애를 쓰며 글을 쓰느냐 물으신다면, 글쎄요 내 팔자가 내 인생 말년에는 글만 쓰고 살라는 운명을 타고 난지도 모르겠다할까요. 그것도 환갑나이 되고부터 시작해서 지금 나이 80이 넘도록 20년 간을 그렇게 글쓰기와 함께 매일 매시간 살아가는 걸 보면 그 또한 타고난 팔자가 아닐까요. 평생을 문학에 몸담고 있는 문학인들이 저리도 적지 않은데 환갑나이 다 되어 시작한 이 늦깎이가 제아무리 기를 쓰고 한들 어찌 그분들의 경지를 넘볼 수 있겠나요. 그러니 나는 그저 다른 아무런 목적도 욕심도 없이, 그저 고교시절 좋아하던 문학의 여신을 다시 만나 사랑하고 행복에 잠겨 함께 나의 여생을 즐기고 있을 뿐이니 이것이 나에게 주어진 팔자소관이며 주어진 행복한 노년의 운명이 아니고 무엇인가요.

그저 쓸데라고는 내 서재의 책장 속에 나란히 들어앉아 뻔질나게 드나드는 내 얼굴과 마주치는 걸로 족한 이 글들을 무슨 큰일이라도 하는 듯, 무슨 도인이라도 되는 듯 심각한 명상에도 잠기고, 길을 오가면서도, 전철을 타고 다니며 창밖을 내다보면서도, 그리고 잠에 들려 애를 쓰면서도, 글을 쓰는 걸보면 그 어떤 이유가 있어 글을 쓰는 게 아니라 그저 글쓰기가 좋아서, 글쓰기가 연인이라도 되는 듯 좋아서 쓰고 있으니 나에게는 글쓰기라는 것이 내 생활의 전부라 할 수 있는 것이니 어쩌겠나요.

무엇을 그렇게 매일 쓰느냐, 글이라면 무슨 영감이라도 얻어서 쓰는 거 아니냐, 그런데 어떻게 매일 매일 한 편씩 쓸 수 있겠느냐 그것이야말로 시나 수필이 아니라 일기라 해야 옳지 않느냐 하고 물으신다면 글쎄요 일기나 수필이나 무엇이 그리 차이가 있나요. 일기로 쓰려던 것에 제목을 부쳐 객관적인 면에서 쓰면 그것이 수필이지요. 아니 주관적으로 써도 수필이라 할 수 있지 않을까요. 수필隨筆이란 한자 글 뜻 그대로 글이 써 나가는 데로 맡겨두는 것이라고도 하지 않는가요. 매일 글 제목이나 소재를 구한다는 것은 그리 쉬운 일은 아니지요. 그러나 이제 나이가 80이 넘으니 지나간 추억들, 그리고 지나가고 있는 주변에 대한 관조觀照, 그리고 미래의 예견과 추상 모두가 내 경험과 반죽이 되어 하루의 화두라 할까 제목 혹은 소재를 구한다는 것은 그리 어려운 일은 아니지요.

마음 한번 바꾸면 우주가 바뀐다고 했지요. 바로 그 마음이 우주이니 생각해보면 그리 불가능한 일은 아니지요. 특히나 거창한 제목이나 소재에 얽매이지 않고 이순간의 주변을 돌아보면 모든 것들이 소재로 다가오며 유혹을 하기도 하지요. 특히나 나처럼 그 어느 목적도 없이 그저 마음을 비운 그 무아의 삼매경에 들어있으면 얼마든지 쉽게 제목들의 대상을 찾을 수 있지요.

언제 어디서 글을 쓰느냐 물어보신다면, 글쎄요 물론 서재에 들어앉아 정리마감을 하는 것은 사실이지만 그 시간은 단지 한 두 시간이고 대부분은 때와 장소를 가리지 않고 메모를 한다거나 글의 소제라든가 내용이나 구성 등은 눈뜨고부터 잠에 떨어질 때까지 쉼 없이 진행하지요. 이거야말로 불교 교리 중에서 주창되고 있는 생활불교나 실천불교를 수행하는 행주좌와行住坐臥라는 방법이지요. 길을 갈 때나 집에 머물고 있을 때나 앉으나 누워있을 때도 구분 없이 용맹정진勇猛精進하는 큰 스님들의 말씀에 크게 깨달은바 있어 주제넘게 흉내를 내고 있지요. 이쯤 되니 글 쓰는 일은 나의 종교가 되었지요. 종교 중에서도 그 어떤 바람을 요구하며 기원하는 기복종교祈福宗教가 아니고 아무런 바람 없이 글쓰기만을 사랑하는 문인이 되었지요.

어떤 글을 어떻게 쓰고 있으며 또 쓰고 싶으냐고 물어보신다면, 글쎄요 현재로서는 그저 습작이라고나 할 까요 그저 매일 매일 한 편씩 쓰고는 있지만 어쩌겠어요! 밥은 안 먹어도 글을 써야만 직성이 풀리고 직성이 풀려야 밥맛도 즐기고 저녁 반주 한 잔도 넘겨야 편안한 마음으로 잠을 청할 수 있는 걸. 하지만 나의 수필들과 시들도 나를 굳게 믿고 사랑하며 나또한 나의 시와 수필들을 굳게 믿고 사랑하고 있지요. 이토록 뜨거운 열정을 서로 나누며 사랑하는 사이에 어찌 아름다운 꽃 한 송이 피울 수 없겠느냐고 서로 위로하며 격려해주지요.

문학의 싹을 키워주신 선생님들

문학에 대한 사랑은 중학교 일학년 때부터 싹트기 시작 했다. 그 당시는 6 · 25전쟁이 끝난 이듬해라 원소동 본교에는 미8군이 아직 주둔하고 있어 광화문 협성학원을 빌려 쓰고 있었는데 어느 날 아침조회 시간에 국어선생님이 새로 입학한 학생들을 운동장에 모두 모아놓고 작문 한 편씩 써 오라는 숙제를 내주셨다. 숙제를 제출한 며칠 후 아침조회 때 국어선생님이 몇 학생 이름 중 내 이름도 불러주시며 아주 잘 썼다며 칭찬을 해 주셨다. 그 선생님은 그 다음해 고려대교수로 가셨고 신문지상에 〈황진이〉를 연재하신 정한숙 선생이셨다. 그 선생님 칭찬 한 마디로 그때 14살 되던 그 소년은 책읽기를 좋아하는 학생이 되었다.

고등학교에 올라가니 정한모 선생님이 우리 반 담임 선생님이셨다. 첫 국어시간에 소월의 진달래꽃을 강의 해주시기 전 성함을 칠판에 적어주실 때 별명도 〈지월보地月步〉 라 써주시어 교실 안을 웃음으로 가득 채워주셨다. 키가 작으신 자신을 그리 소개하실 만큼 호탕하셨으니 과연 후에 서울대교수로 가시고 나중에는 문공부장관까지 지내신 작은 거인이 아니셨던가 생각된다. 그리고 영어 선생님으로 시인 장서언 선생님과 쿠오바디스를 번역하신 남용우 선생님도 계셨다. 그리고 대학 일학년 때 교양과목으로 국어시간이 있었는데 그 담당선생님이 시인 박두진 선생님이셨다. 선생님께서는 강의시간에 어쩌다 시를 낭송할 때면 나를 지정해주시고는 했다. 지금도 교수님의 잔잔한 미소와 조용히 들려주시던 강의講義 모습이 눈에 선하다, 나는 훌륭하신 선생님들을 존경했고 이 존경하는 마음이 나 자신 문학가로의 꿈을 키워 나가게 된 동기가 되지 않았나 여겨지기도 한다.

또 한 분 나로 하여금 제2의 시와의 인생을 살게 하는데 큰 용기를 주신 고등학교 선생님이 한 분 계신데 바로 수학을 가르쳐 주셨던 김태식 선생님이셨다. 환갑나이 되기 몇 년 전 고교동창 중 육군대장에 승진한 편장원이 동창들을 초대를 했는데 그때 그 장소에 그 선생님도 참석을 하시었으며 이미 교장선생님이 되어 계셨다. 그런데 고교를 졸업한지도 30여년이나 지난 그때인데도 나를 알아보시고 이름까지 부르시면서 〈너 글 안 쓰고 뭣 하느냐 이제라고 늦지 않았으니 시작 하거라〉 하고 말씀해 주셨던 것이니 얼마나 놀랠 일이였나. 아마도 고교2년 때 학도호국단주최 전국고등부 시 부문 1등에 당선되어 최규남 문교부장관상도 받았고 그 당시 5대 공립과 5대 사립 문예반장들과 교류하여 〈첨탑〉이라는 동인지도 발간했고 교우지 발간 편집도 하는 등 그때 나의 고교시절 문학 활동을 보시고는 앞으로도 틀림없이 문학계로 진출할 걸로 큰 기대를 갖고 계셨던 가 보다.

내가 만일 상경대학으로 들어가 40년 간 사업의 길로 접어들지 않고 문학의 길로 접어들었다면 선생님들도 뵙고 더 많은 가르침을 받을 수 있었겠지만 그간 한 분도 뵙지 못하고 지내오던 중 문중족보발간일로 국립도서관에 들렀다가 족보열람실 맞은편에 늘어선 어느 기증도서열람실 문 앞에 서계신 정한모 선생님 흉상을 뵙게 되었고 놀라 들어가 보니 선생님의 서적들이 진열되어 있었고 한편 유리 탁자 안에는 그 옛날 선생님 쓰시던 안경과 베레모 모자와 여러 유품들이 놓여 있었다. 고교시절 각별히 아껴주시던 선생님을 살아생전 뵙지 못하고 흉상으로 뵙다니 죄송스런 마음으로 시 한 수를 써서 나의 첫 시집에 올려드렸다.

정한모 선생님 흉상胸像 앞에서

선생님 흉상으로 뵈옵니다
국립도서관 족보열람실 한편
기증되신 문고 앞에 서 계신 선생님
옛날 그 모습 그대로이십니다

선생님 서재
그대로 옮겨 오셨군요
옛날 쓰시던 모자며 만년필
친필원고에 발간하신 시집들과 장서들

그 옛날 칠판에 지월보地月保라 소개하시자
고교 첫 교실 안은 웃음으로 가득 찼고
곧 소월의 진달래꽃 강의를 시작하시자
진달래꽃잎들 창밖까지 날렸지요

그 시절 철부지 시 묶음 보여드렸더니
잘 다듬어보라 기죽이지 않으시고
글자 한자도 고쳐주지 않은 졸업답사는
너뿐이라고 격려까지 해주신 선생님

환갑연세 좀 지나 어찌 그리 일찍 가셨나요
장관노릇까지 하시느라 너무 힘드셨군요
못난 제자 다른 길 헤매다 뵙지 못하고
이제 예기치 못한 이곳에서

선생님
흉상으로 뵈오며
엎드려 삼가 명복을 비옵니다

시공時空을 넘나드는 일기

온 세계를 공포의 도가니로 몰아넣은 코로나19 사태는 나로 하여금 오늘 현재까지 10개월 동안이나 거의 두문불출 신세로 만들어주고 있다. 주중 서너 번 전철로 다니던 농장도 3아들 차로 번갈아 10일에 한 번 다녀오고, 겨우 한 달에 한번 다니는 병원과 약국만 마스크 쓰고도 겁에 질려 다녀왔을 뿐 집안에 박혀 있었다.

그러나 다행히도 지난 4월 12일부터 하도 무료하여 서재 책장 속 일기들을 들여다 보다가 발견한 내가 써 놓고도 깜빡 잊어버리고 있었던 수필들을 발견하여 선정과 수정작업을 시작하였고 그 작업에 열중하느라 코로나19 공포로부터 벗어날 수 있었으며 새로운 나의 제2,3수필집을 편집까지 마무리를 지어가며 어서 저 무서운 코로나 바이러스가 물러가 이 2권의 수필집이 출판되기를 기다리고 있는 것이다.

1974년부터 작년까지 써놓은 일기장 46권이 나의 서재 책장 속에 나란히 진열되어있다. 46년 간의 지난 세월이 책장 3칸막이에 들어있으니 새삼 세월의 짧음이 느껴지기도 한다. 그러나 한 페이지 한 페이지마다 지난날의 하루하루가 생생하게 깨어나 나를 반겨준다. 반겨주는 날에는 슬픈 날도 있고 기쁜 날도 있고 사시사철 계절과의 삶이 꽃잎처럼 접혀져있다.

내가 써 놓은 일기장에는 지금은 다 까맣게 잊어버린 내 추억들이 모두 살아있는 것이니 이제 나이 많이 들어 여유로운 마음으로 들추어 또 한 번 지난날로 되돌아가 일기장속의 나를 만나보고 있으려니 내 인생 그만치 길어진 생각도 든다. 이 얼마나 고마운 나의 일기장인가! 온종일 쉬어가며 내 지난날의 추억 속에 잠겨있으려니 저 무서운 코로나19도 나의 새로운 수필집작업 열정에는 내 근처에는 얼씬도 못하였던 것이다.

내가 처음 일기를 쓰기 시작한 그때만 하더라도 사업에 관한 일기들이나 해외 출장이며 낚시여행이며 부모님과 형제들 그리고 친구들 이야기들로 채워졌으나 사업의 길을 벗어나 문학의 길로 들어선 2000년도 내 나이 환갑 되던 해부터는 나의 일기장에는 모두가 문학에 관한 기록들로 채워져 있다.

문학을 향한 구도의 길을 방황하는 고행의 모습을 기록한 것인데 이 기록은 첫 시집을 출간한 2006년까지 계속 되었으며 여기에는 우리나라 역대 시인들뿐만 아니라 중국을 비롯한 동서양 유명시인들의 시에 관한 독서메모와 종교와 철학의 언저리를 기웃거리는 모습들도 채워져 있는 것이다.

그러니까 지난 2000년 문학을 시작할 때부터는 나의 일기는 시공과 장소와 거리를 초월하게 된 것이다. 나의 매일 매일의 한 편의 일기에는 그 어느 것이라도 포용하지 않는 것이 없게 된 것이다. 현재 과거 미래 그리고 전 지구촌과 우주 종교와 철학 음악과 과학 그 어느 범주도 겁내어 도망치지 않고 다 친구로 초대한 것이다. 그리하여 내 하루의 뒤섞인 삶을 창작하는데 나의 기쁨과 희열은 샘솟듯 솟아났다. 초대받은 상대가 바람이든 바위든 들판의 이름 모를 풀 한 포기든 나와 함께 일기장에서 유희를 하면 세상이 아름다워지고 창조주의 신비로운 섭리를 찬송하게 되는 것이었다. 어느 순간의 변화를 그 내면 속으로 들어가 확대경으로 들여다보면 나의 단순한 기록도 예술의 날개를 달아 무궁무진한 자료로 넘치게 하여주는 것이었다.

시공과 모든 대상들의 경계를 초월하여 마음 내키는 대로 일기가 써내려가지니 일기장 한 권으로도 나의 지나온 인생역정을 다 담을 수도 있었다. 그리고 모든 추억들이 한 권의 일기장에 담을 수 있으니 다시 한 번 내 인생이 왜소해지고 내 인생이 짧음을 한탄도 하곤 했지만 이것이 바로 철이 든다는 게 아닐까, 이것이 바로 깨달음의 근처에 조금이나마 근접한 게 아닐까, 이것이 바로 안개 속에 가려 보이지 않던 삶의 지혜를 조금이라도 터득하고 있다는 게 아닐까 하는 생각에 잠겨보기도 한 것이다.

나의 일기장들이 지난해에도 나를 놀라게 해주더니 이번에도 나를 놀라게 해준다. 지난해에는 잠자고 있던 시들을 내 눈에 띄어 나의 제4.5.6시집(총817편)을 출간케 해주더니 이번에도 내가 써놓고도 까맣게 잊고 있었던 많은 수필들을 내 눈에 보여준 것이다. 2004년부터 2007년까지는 일기대신 아예 하루에 한 편씩의 수필을 써 놓았던 걸 이번에 발견한 것이다. 이리하여 지난 4월 12일부터 나로 하여금 이 수필들을 정리하기 시작하여 나의 일기장은 또 한 번 문학의 길을 못 벗어나게 나를 붙잡고 있는 것이다.

이 얼마나 고맙고 기특하고 자랑스러운 나의 일기장들인가! 이토록 나이 많이 든 나에게 추억을 주고, 삶의 지혜를 주고, 문학의 길잡이도 해주어 나를 시인과 수필가로 이끌어주고. 그런데 왜 이제야 이토록 소중함을 깨닫게 되었는가! 늙어서는 창작의 힘은 없지만 수정할 힘은 있으니 수정해서 내가 쓴 이 수필들에게도 세상 햇살 좀 쐬어주라는 건가 보다.

시는 나의 삶 그 자체인 것을

새벽 잠 깨자마자 눈앞에 나의 시의 여신이 나타난다. 나의 시의 여신은 항상 나를 따라다닌다. 어떤 때는 꿈속까지 따라다닌다. 나의 시의 여신은 나의 사랑하는 임이요 연인이며 나의 삶 그 자체이다. 나의 시의 여신은 나의 삶의 내용을 아름답게 향기롭게 가꾸어주는 소중하기 이를 데 없는 존재이다. 나의 아내가 내 인생의 소중한 동반자인 것처럼 나의 시의 여신도 나의 소중한 동반자이다. 내 삶 자체인 나의 시의 여신을 어찌 그 어느 무엇과도 바꿀 수 있겠는가. 시는 곧 나의 운명인 것을.

나의 시의 여신은 나의 삶의 속과 밖 언저리를 떠나지 않고 맴돈다. 눈이 올 때 창문의 커튼을 제치고 내다보면 눈 속에서 나의 님은 나에게 미소를 던져주고 산속을 오르면 이 나무 저 나무들 가지로 오르며 길을 인도해 주고 슬픔과 좌절에 잠겨 얼굴 파묻고 있으면 더더욱 슬프도록 눈물 쏟게 하고 환희에 벅차 두 팔을 벌리면 가까운 하늘에 무지개를 띄워준다.

나의 시의 여신은 닫혀있던 내 마음의 문까지 열어준다. 모르고 지나왔던 종교문턱까지 데려가 눈부신 말씀을 엿듣게 하고 명상에 잠겨 외롭게 고뇌할 때에는 옆에서 더욱 침잠하게 해주고 밤바다에 나가 있을 때면 달을 띄워 마음을 갈아 앉혀주고 농막에 가서 잠들려면 온갖 밤 새소리 불러 평화롭게 해준다.

나의 시의 여신은 낚시하는데 까지 따라나서며 즐겁게 해준다. 짧은 낚싯대 끝에 앉아 나로 하여금 건너편 산 강물 속에 잠기게 하여 강물 속 산마루 오르게 하고 얼음낚시 가서 폭설 맞아 철수할 때는 낄낄 함께 웃어주고 돌아오는 차속에서 코를 골 때는 호연지기 함께 해준다.

나의 시의 여신은 나의 지나온 삶의 추억 속에서도 존재한다. 나의 유년의 하늘에도, 할아버지 심으신 대추나무에도, 아버님 직장 따라간 청진 바닷가에도, 8 · 15 해방의 만세소리에도, 6 · 25 전쟁 길고도 고달팠던 피난민 대열에도, 푸른 꿈에 젖어있던 학창시절에도, 길고긴 나의 섬유수출 외길에서도, 나의 노년기에도, 그 어느 곳에서고 나에게 손짓하며 불러준다

나의 시의 여신은 나를 데리고 신비로운 우주로의 여행도 한다. 별들이 빛나는 밤하늘에, 태곳적부터 변함없는 달무리 속에, 이글거리는 태양 속에, 꽃잎 흔들며 달리는 바람 속에, 고향너머로 흘러가는 낚시터 위 흰 구름에도, 소근거리는 봄비 속에도, 천둥번개 속의 자비로움에도 나의 시의 여신은 항상 나와 함께 해준다.

나의 시의 여신은 나에게 미래의 창문도 열어 보여준다. 열어 보여주는 창밖에는 흰 구름만 보인다. 파랑새는 이미 내 발밑에 있다한다. 욕심이 다 없어져 마음 비울 때야 피안의 황홀한 모습도 볼 수 있다한다.

나의 시의 여신은 나에게 젊음을 준다. 새벽이면 눈앞에 다가와 푸른 날개를 퍼덕인다. 젊음의 가슴으로 들판의 이름 모를 꽃들의 만남을 속삭인다. 여름이면 숲속 샘물 찾아 솟아오르는 물줄기 보여준다. 초겨울에도 빨간 산수유 따러가자 재촉도 한다.

내가 지향하는 시詩의 색깔과 향기

환갑 나이 들던 해 첫날부터 40여 년 몸담아 오던 사업의 길을 벗어나 고교시절 좋아하던 문학의 길로 접어들기로 작심을 하고 그로부터 3년 간은 고교시절 첫사랑이라도 만난 듯 설레는 마음으로 시를 썼다. 그러고 나서 3년 간을 써놓은 많은 시들을 옆에 두고 참고와 비교를 해가면서 문학에 관한 서적들을 들여다 보며 공부를 했고 또 3년 간은 써 놓았던 시들을 수정을 하여 결국 만 9년 만에 첫 시집 〈인생의 주름에 접혀진 꽃잎들-318편〉을 출간했다.

그때 읽은 책들이 결국 내 시의 방향을 결정해준 나의 스승이 되어준 것이다. 그때 기록해 놓았던 독서내용을 모처럼 들추어보니 그런대로 노력은 많이 했구나 생각이 든다.

1)중국의 시경으로부터 고시古詩, 당시唐詩, 송, 원, 명, 청대까지의 시를 집대성한 중국시가선

2)보들레르와 랭보, 말라르메와 같은 근대시의 개척자들을 아우르는 근대시 문학론과 이 저서에 포함된 20세기유럽 서정시들

3)현대시를 수록한 영국, 미국, 프랑스, 독일, 중국, 일본 편을 망라한 〈20세기 시선〉

4)1920년대부터 1993년까지의 한국현대시 해설

위의 네 가지 책자들이 나의 시 수정의 길잡이가 되어주었으며 여기에 더하여 종교와 철학에 관한 서적들과 티브이 종교방송을 통한 설교나 법문, 사서오경, 노자와 장자의 철학사상, 선등에 심취한 결과 사물을 바라보는 마음의 눈이 트이게 된 것이다. 자연과 인간과 우주간의 신비한 연결고리를 다소나마 엿볼 수 있게 된 것이며 이 모든 것은 밑거름이 되어 내 시에서 현대시의 난해성을 제거하는데 용기와 결단을 부여받게 된 것이다.

이는 프랑스 시인 프랑시스잠(1868-1939)이 상징주의가 지녔던 모호성과 난해성을 배제하고 교식巧飾이 없는 순박한 시를 썼던 사실과 1950년대 이 나라 모더니스트들의 표현이 생경하고 추상적 직설적 폐단에 빠져 있을 때 먼저 이 폐단을 깨닫고 새로운 의미의 서정시인으로 등장했던 그 어느 시인과도 같은 맥락의 방향설정이었다고도 말할 수 있겠다.

이제 소설은 죽어가고 있고 시는 이미 죽었다고들 한다. 이미 죽어버린 시의 세대에서도 보들레르가 말한 〈난해 하다는 것, 이해되지 않는다는 것. 여기에는 명예 같은 것이 깃들어있다〉 라는 그의 정의가 과연 지금에도 합당한 것일까. 나는 결연히 거부하는 것이다. 남들이 무슨 뜻인지 모를 시를 써 놓고 심지어는 자신도 이해 못할 애매모호한 시를 써 놓고 어찌 그런 시에 명예가

있다 하는가. 그로 인해 독자들도 멀어져 가 읽어줄 사람도 없는데 하물며 누가 시를 쓸 것인가. 하기야 시를 써서 생활을 영위하는 사람은 극소수에 지나지 않는다고 한다. 가난해도 시를 쓴다는 것은 그런대로 이해가 되나 굶어 죽는 판에 무슨 명예가 존재한단 말인가.

하기는 모든 책임이 그들에게 있는 것만은 아니다. 급격히 발전하는 기계화문명 특히나 컴퓨터에 의한 사이버세계, 아이티산업, 미디어산업 등에다 물질만능시대에 따른 인격상실의 세계출현이 또한 그 대부분의 원인으로 돌릴 수도 있을 것이긴 하다.

그러면 나는 무엇 때문에 시를 쓰는가. 아무런 소용도 없는 시에 왜 매달리고 있는가. 그것은 나는 시에 대하여 아무런 반대급부도 바라지 않기 때문이다. 그간 36년간 사업을 해서 노후까지의 삶에 아무런 금전걱정도 없거니와 고교시절 흠뻑 빠졌던 시와의 사랑이 그만큼 컸기 때문이다. 만일에 나또한 경제적으로 어렵다면 차라리 노동판에 나가 중노동이라도 하여 연명을 해야지 원고료도 없는 시를 써서 어찌 살 수 있겠는가. 그러니 나는 마음 놓고 고교시절 첫사랑 같은 나의 시의 여신을 환갑나이에 다시 만나 뜨거운 애증의 길을 걷고 있는 것이다,

나는 누구나 읽고 이해하는 시를 쓴다. 나에게 무슨 뜻이냐고 물어올 구절 없이 그들 마음과 같은 시를 썼다. 아가들, 어머니, 아내, 자연, 그리고 나의 인생의 체험들 뿐 아니라 이 시대 살아가는 모든 사람들의 체험과 경험과 인생살이를 시 속에 담는 것이다. 내 시의 색깔과 향기는 우리 주변 모든 이들의 마음에 담겨져 있는 것이다. 비록 시는 죽었다 하나 미래의 독서는 그래도 가

녀린 숨결은 남아 얼마 안 되는 사람들의 취미로라도 사랑받게 될 것이라니, 그런 부류의 사람들은 아마도 나와 같은 부류의 사람들이 아닐까 생각된다.

굿바이 헤밍웨이

오늘 조간신문에 〈미국도서관 "굿바이 헤밍웨이"〉라는 제목 하에 실린 어느 기자의 글을 읽고 아연실색했다. 어니스트 헤밍웨이의 〈누구를 위해 종은 울리나〉와 에밀리 디킨스의 시집 같은 고전들이 미국공공도서관에서 쫓겨날 위기에 처했다고 워싱톤포스트지가 보도했다는 것이다. 서가의 자리만 차지할 뿐 아무도 빌려가거나 찾지 않기 때문이라는 것이다. 이렇게 도서관 책들이 외면 받는 것은 인터넷 문화와도 관련이 있는 것이며 웬만한 책은 인터넷에서 검색해 중요한 내용정도는 쉽게 얻을 수 있기 때문이라는 것이다. 또는 과거 도서관들이 유익한 책은 중시한 반면 요즘도서관은 사람들이 많이 찾는 책을 갖추려 한다는 것이다.

이러한 내용을 읽고 나는 글을 쓴다는 것에 대하여 깊은 회의에 잠기지 않을 수 없었다. 물론 내가 쓴 글이 나중에 도서관에 진열된다는 생각은 아예 해본 적도 없지만 세계적인 물질문명 우선주의가 가뜩이나 빈약해진 문학의 뿌리조차 뽑아버리려는 인심이 서글퍼지기 때문이다. 지식만 우선되고 마음의 정서는 고갈되어 가는 세태는 동서를 막론하고 같기 때문에 더더욱 서글퍼지는 것이다.

작년인가 재작년인가 어느 소설가가 〈문학의 배고픔을 덜어 주어야한다〉는 제목 하에 쓴 글이 생각난다. 우리나라 등록된 문인 7800명 가운데 원고료나 인세 수입만으로 생활을 영위하는 사람은 1%도 되지 않는다고 했다. 시 시조 동시 등 운문의 경우는 편당 2만원에서 4만원, 소설과 희곡 등은 편당 12만원에서 24만원이라 하는데 그나마도 몇 해 걸려야 작품 기회가 생긴다 하니 기가 막힐 일이 아닌가. 그러니 분명 문인들 모두는 그들 자신과 가족의 생계를 위하여 별다른 직장을 가지고 일하면서 틈틈이 문학의 길을 그나마 이어가고 있을 것이다. 원래 문학을 사랑하는 문인들의 심성은 올곧아 문학을 버린다는 생각은 할 수 없는 타고난 운명으로 여기고 있기 때문일 것이다. 그러나 어찌하랴! 문학의 앞날은 어두워만 가는 것 같으니! 3차 산업도 저물어가고 4차 산업이 벌써 우리들 눈앞에 다가와 있으니!

집 안의 가난을 면하고자 상경대학을 택하여 40년 간을 사업의 길에서 헤매다가 그래도 고교시절 시와의 낭만을 못잊어 환갑 나이에 다시 문학의 길로 들어선 나는 여태껏 문인들의 그렇듯 기가 막힌 현 실정을 모르고 지내왔다. 문인들이나 문학단체라든가는 몇몇 분 그리고 몇몇 군데나 이따금 다니거나 만나볼 뿐 아내와 둘이서 시골농장에나 오르내리며 오로지 글만 쓰고 글만 읽었을 뿐이었기 때문이다. 왜냐하면 그간 40년 동안 사업에 골몰하는 동안 그저 노후생계유지에는 아무런 걱정이 없었던 때문이기도 한 것이다. 어쩌면 그러고 보니 나의 시의 여신이 돈 걱정 없는 나를 만나기 위하여 늦깎이 시인으로 불러주었는지도 모르겠다.

그러니 어차피 나는 처음부터 돈을 벌기 위해 문학의 길로 접어든 것도 아니고 또 그 어떤 명예도 바라지 않고 그저 고교시절 사랑했던 시와의 애정을 되찾은 걸로 만족하며 모든 시름 잊어도 되겠다.

내 책상 위에는 나의 첫 시집이 놓여있다, 시와 다시 만난 지 9년만인 지난 해 초에 적지 않은 분량의 328편을 모아 출판한 나의 첫 시집이다. 오직 아내와 농장을 오르내리며 아무런 돈 걱정 없이 오로지 시와의 애증행각을 즐기며 써 모은 글이다. 이 첫 시집이 돌아다니며 나로 하여금 이 나라 문학단체를 알게 해주었으며 등단도, 가입도 하게 된 것이다. 새삼 나의 시집에 대해 고마움을 느낀다. 손으로 쓰다듬어준다. 이렇게 예쁜 너를 두고 내 무슨 눈곱만치라도 후회를 한단 말인가.

고교동창이 보내온 인삼과 편지

오후에 소포가 하나 배달되었다. 아래층 회사에 온 것인가 하며 발송 처를 보니 부산 어느 컨테이너 회사라고만 쓰여 있고 수신자로는 분명 내 이름이 적혀있어 그제야 마음 놓고 뜯어보니 웬 상자에 제법 큰 인삼들이 들어있고 편지 한 장이 봉투도 없이 접혀있었다. 접혀진 편지 겉면에 발신자 이름을 보니 고교동창으로부터의 서신임을 알았고 그 이름 옆에 추신이라 써놓고 〈별도 종이가 없어 달력 뒷면에 몇 자 적었으니 이해해주시오〉라고 적혀있었다. 아마도 그 친구 집에서 운영하는 인삼밭에 들렸다가 갑자기 내 생각이나 발송하느라 인삼밭 농막 벽에 걸려있는 달력 한 장을 뜯어 쓴 편지로구나 생각하며 본문을 열어보니 그 내용만큼은 하도 진지하고 깊은 우정이 들어있어 여기에 그대로 적어 기억하고자한다.

문종환 동창에게

나를 기억할는지 모르겠소. 나는 김천응이오. 학창시절 종환 동창은 우등생이고 나 김천응은 거들먹거리기만 하고 전체 석차 중간에서 왔다 갔다 했지. 한 마디 하고 싶어 펜을 들었으니 탓하지 마오.

시와 시인은 꿈과 이상인 줄만 알고 있었던 문외한이였는데 문종환 동창 시를 읽는 순간 나는 나의 무지에서 깨어났소. 종환 시를 읽으며 눈물도 흘리고 때로는 흐느끼고, 고개도 끄덕이고, 살며시 웃음 짓기도 하고, 아버지 어머니 누이 친척 친구들이 절실히 그립기도 하고------.

참 대단하오. 정말 좋은 동창 친구가 있구나 생각하니 마음 뿌듯하오. 주제 넘다고 욕하지 말기 바라오. 내가 있는 고장은 인삼과 사과가 유명한 풍기라오. 시집에 비할 바는 못 되나 좋은 책에 대한 성의라 생각하고 받아 주기 바라오. 아마 같은 반을 한 적이 있는 것도 같소.

휘문 50회 동창 김천응

비록 구겨진 달력 뒷면에 아무렇게나 휘갈겨 쓴 글이지만 나에게는 오래도록 간직하고픈 편지다. 얼마나 그 글 내용은 순박하고 우정에 넘치는 글인가. 시집 출간 후 250여 권이나 증정을 했으나 대여섯 사람 제하고는 말 한 마디 없는 이 삭막한 세태에 다시는 글이라는 걸 쓰지도 말고 책이라는 것도 발간하지 말아야겠다는 마음의 상처를 치유하고 있던 터에 김천응 동창, 그것도 학창시절에 나보다 키가 커서 친하게 지내지도 않았던 그가 보내온 이 편지 한 장은 나에게 새로운 희망을 준 것이다. 물론 보내준 인삼 선물도 그렇지만 그보다 몇 배 더 기쁜 것은 그의 서투른 달력뒷장에 써 갈겨 보내준 그 편지인 것이다. 그리하여 나도 아래와 같은 짤막한 답신을 보내고자 하는 것이다.

김천응 인형

내가 왜 김천응 인형을 모르겠소. 지난해 년 말 동창회에도 나왔고 또 오래 전 용인 어느 음식점에서 개최한 동창야유회모임에서도 만났고 그 동창회모임 끝내고나서 몇몇 동창들끼리 어느 맥주 집으로 가서 또 한잔 할 그때 분명히 김형도 함께 자리했던 기억이 나는데요.

김형은 보내준 편지에서 학창시절 거들먹거리기만 하여 석차가 어느 선에서 왔다 갔다 했다고 우스갯소리를 하는데 학교성적과 사회성적은 별문제라는 진리를 김형은 몸소 실천으로 옮기여 현재 〈인터컨테이너(주) 대표이사〉로 성공하지 않았소. 아무나 그런 회사 대표이사 될 수 있는지 아시오?

나는 김형 편지를 받고 그렇게도 기쁠 수가 없었소. 김형은 타인을 기쁘게 해주는 힘이 있는 것 같소. 그 힘이 이 각박한 사회에서 김형을 대표이사로 끌어올린 것이라 믿고 있소. 이 세상은 많이도 변하여 남을 칭찬해주는 아량조차 메말라 버렸소. 나의 부끄러운 시를 읽어보면서 눈물도 흘리고 고개도 끄떡이고 웃음 짓기도 했다는데 김형의 그 말에 이 못난 시인은 〈아! 그래도 이 세상에 내 시를 알아주는 사람이 한 명이라도 있구나〉하고 이리도 기뻐하고 있는 것이오. 너무나 과분한 편지와 인삼 정말 고맙소.

아호雅號에 관하여

요즈음 문인들 중에는 아호를 사용하는 경우가 드물지만 내가 고등학교 다닐 때만 하더라도 어느 문인들이고 대개가 아호를 이름 앞에 넣어 명함을 만들거나 글을 발표할 때 사용했다. 내가 나의 아호를 생각하게 된 것은 고등학교 2학년 때 문예반장으로 교우지를 발간하게 되어 편집을 시작하면서 부터였다. 그 당시 그 교우지에 넣을 나의 작품은 이미 나의 시〈아침〉으로 결정이 되어 있었는데 이 시는 전국학도호국단주최 전국학생문예작품모집에 응모하여 시 부문 고등부 1등에 당선되어 그 당시 최규남 문교부장관상을 받은 〈아침〉이라는 시였다. 그런데 나에게 순간적으로 욕심이 생겼던 것이니 마침 그 해 여름방학 때 고향에 놀러가 밤나무에 매어놓은 암소를 보고 6,25전쟁 때 가족들 뿔뿔이 친척집에 흩어져 살 때 경찰관이셨던 아버님과 나만이 고향 당숙 할아버님 댁으로 피난 가서 아버님은 뒷산다래넝쿨 바위굴에 숨어계실 때 13살 먹은 내가 소 몰고 풀 먹이러 다니던 생각이나 써 놓은 수필 한 편을 아호가 있었다면 국어선생님이셨던 정한모 선생님께 여쭈어보고 교우지에 넣었으면 하는 욕심이 생겨났던 것이다.

그날 학교 수업 끝내고 집으로 돌아오는 시간에도 자꾸만 아호 생각이 머릿속을 떠날 줄 몰랐다. 그때 생각난 분이 바로 내 옆집에 살고계시는 몽선이 아버지셨다. 6 · 25전쟁이 끝난 그 다음해 그 아저씨를 찾아가 〈아저씨 나 어느 중학교 들어가면 좋은지 가르쳐 주세요〉 하니 그 자리에서 〈그래 네 성이 문씨이니 여기서 가까운 휘문중학교로 가거라〉 하고 말씀을 해주시어 그리 결정했던 그 생각이 떠올랐던 것이다. 그 당시 우리 식구들은 아버님 직장 따라 멀고먼 청진에가 살다가 8 · 15해방 되던 해 내려와 살고 있었던 터라 서울물정은 모르고 있었기 때문이기도 하려니와 그 아저씨는 옛날선비들처럼 한문수업을 많이 하신분이라 집골목으로 들어서면 그분의 글 읽는 청아한 목소리가 골목 안을 울리곤 했던 것이다. 이런저런 생각 끝에 집에 도착하여 집으로 들어가려 하다가 바로 옆집인 그 아저씨 집으로 들어가 아저씨를 만났다. 〈아저씨 안녕하셨어요. 저 아호 하나 지어주세요. 저 문학가가 되고 싶어요〉하고 부탁을 드렸더니 그 다음날 〈효봉曉峰〉이라는 아호를 붓글씨로 써서 나에게 건네 주셨던 것이다. 그래서 결국 나는 교우지에 수필 〈소〉를 아호 효봉으로 하여 게재할 수 있었던 것이다.

그러나 나의 이 아호는 아직까지 문학에 관하여는 딱 두 번 만 사용되었을 뿐 더 이상 사용 된 적이 없다. 그 한번이 바로 그 휘

문교우지徽文校友誌였고 그 두 번째는 대학 3학년 되던 해 연우지延友誌 편집을 책임지고 있을 때 뿐이었던 것이다.

그런데 그 아호는 나의 문학과의 인연은 위에 말한바와 같이 두 번 밖에는 없고 엉뚱하게도 나의 사업과의 인연만이 깊게 되었다. 내 아내가 젊어서 스웨터 공장을 설립할 때 그 이름을 효봉물산으로 지어주었고 그 이름이 나중에는 효봉무역으로 변경 되었고 지금까지도 그 효봉무역 이름으로 아들이 이어받아 운용되고 있을 뿐만 아니라 지금 우리내외 살고 있는 이 건물 이름 또한 효봉이니 말이다.

비록 문인이 되고 싶었던 젊은 꿈으로 지어 받은 아호가 전연 다른 방향으로 진로를 바꾸었지만 그 목숨만은 끈질기게 이어져 내려오고 이어져 내려가는 걸 보면 그 옆집 아저씨가 지어준 아호가 아주 좋은 작명이었다고 생각된다. 그리고 내가 만일 문과대학으로 들어가 젊어서부터 문학계로 들어섰더라면 나의 아호도 명함에 올라 사용될 수도 있었겠지만 결국에 내가 지금 아무런 노후자금 걱정 없이 늦깎이 문인 노릇하고 있는 것도 어쩌면 그 아호로 이름 지어준 회사가 이어 넘겨준 지속적인 지금의 늦깎이 시인의 행복이 아닌가 싶기도 한 것이다.

생각하면 할수록 고마운 그 옛날 옆집 몽선이 아버지이시다. 그분을 만나 뵌 지도 한 40년도 더 되었을 것이다. 상계동 아내의 공장 앞길에서 우연히 만났던 것이다. 하도 반가워 점심을 대접하려해도 방금 전에 이곳에 사는 친척집에 다니러왔다가 점심을 먹고 집으로 돌아가는 길이라고 하셨다. 그래서 마침 근처에 제과점이 보이기에 마다하시는 그분의 손을 잡고 들어가 먹음직한 제과

한 상자를 사 드리며 집에 가시여 아주머니와 드시라 했다. 지금 생각해보니 내가 마지막으로라도 사 드린 그 제과 한 상자가 그나마 내 마음을 푸근하게 해줌을 느낀다.

나의 작품들을 게재揭載해준 고마운 문학지文學誌들

나의 서재 책장에는 내 나이 환갑 되던 해 40여 년간 매달려오던 섬유수출 무역업을 벗어나 제2의 인생길을 고교시절 좋아하던 문학의 길로 접어들고 난 20여 년 동안에 발간한 6권의 시집(총 1809편)과 1권의 수필집(총 43편)이 가지런히 놓여있고 그리고 내 서재 책상 위에는 출판준비 해놓고 코로나 종식을 기다리고 있는 2권의 수필집(총 164편)이 놓여있다. 그러니 나는 늦깎이 문인의 길로 접어든 그간에 시집 6권에다 수필집 3권을 출판한 셈이 되는 것이다.

그리고 또 그 시집과 수필집 옆 나의 서재 책장 두 칸 속에는 나의 시와 수필들 115편을 게재해 준 고마운 54권이나 되는 문학지들이 가지런히 놓여있다. 20여 년 동안 문학의 길을 걸어오면서 나는 단 한 번도 나의 작품을 게재해 달라는 청탁을 한 적이 없는데도 이렇게 적지 않은 작품을 게재해 준 문학지에 대하여 지면으로나마 고마움을 전하고 싶은 마음에서 이 수필집에 게재하기로 작심한 것이다.

내가 40여 년간 매달려오던 사업을 과감하게 접어버리고 문학의 길을 택하게 된 것은 부처님의 가르침인 지족知足을 다소나마 깨달아 실천에 옮기려 했기 때문이었지 다른 목적은 전연 없었던 것이다. 지족이라 함은 최선의 노력을 다한 결과에 만족하고 더 이상의 욕심을 버리라는 가르침인지라 나는 더 이상의 물질적인 욕심을 버리고 아내와 둘이서 농장을 오르내리며 고교시절 좋아하던 시의 요정과 함께 자연과 더불어 행복을 누리고 있다.

처음 문학의 길로 접어들어 나의 첫 시집 〈인생의 주름에 접혀진 꽃잎들〉을 발간하기 전까지 6년간을 나는 하루에 시 한 편씩을 쓰면서도 시집 낼 생각조차 한 일이 없었다. 그러던 어느 날 전철 안에서 우연히도 아주 옛날 친구를 한 40년 만에 만났는데 그는 고교3년 때 내가 5대 공립과 5대 사립고 교 문예반장들과 〈첨탑〉이라는 동인지를 발간할 때 출판을 해주었던 각별한 친구였던 것이다. 하도 반가워 서로 그간의 지난 세월 이야기하다 보니 그 친구 연규석은 〈고글〉이라는 출판사를 운영하고 있었다. 그래서 결국 내 시들을 보고난 그 친구 주선으로 첫 시집을 발간되게 되었고 발간된 2달 후 그 친구가 발간 된 시집을 한맥문학 박영선 회장님에게 보여드렸더니 회장님은 내 작품을 잘 보아주셨는지 한맥문학지 6월호에 나의 시 5편을 게재 등단을 시켜주셨으며 그 다음달 7월호에는 엄창섭 평론가가 분에 넘치는 평설을 게재해주셨고 또 회장님은 나를 한맥문학작가회 이사로 임명해 주시는 동시에 한국문인협회와 국제펜한국본부에도 가입절차를 밟아주셨던 것이다. 이리하여 시를 시작한지 9년만에서야 나로 하여금 시인의 자격을 인정받게 된 것이며 결국 월간 한맥문학지를 시초로 나의 작품이 여러 문학지에 게재되기 시작한 것이다.

지나간 2006년 4월 17일자 나의 일기를 들추어보니 〈드디어 9년 만에 나의 첫 시집 512권(1000권 인쇄 중)이 나의 집에 도착했다. 큰아들이 생선회를 사 들고 와 둘째아들과 막내인 넷째아들 그리고 우리 두 내외 자축연을 열고 나의 첫 시집 출판을 축하해 주었다〉라고 씌어있었다.

이 일기를 읽어본 나는 〈나라는 사람은 참으로 글쓰기만을 좋아할 뿐 남에게 자랑하고 싶은 마음이란 눈곱만치도 없고 그저 아내와 농장에 내려가 늦깎이 농사일밖에는 모르고 지냈구나〉 하고 새삼 해도 너무했다는 생각이 든다.

내가 그나마 일 년에 서너 번 나가는 문학단체는 내 동네 근처에 있는 〈한국문인협회 노원지부〉이다. 그것도 첫 시집을 출간하고 나서 3년 후 어느 날 나의 셋째 어린손자 놈이 노원문협에서 개최한다는 아동글쓰기 대회에 나간다는 말을 듣고 그때까지만 해도 노원문협의 존재를 모르던 내가 전화번호를 알아가지고 전화를 거니 그때 전화를 받은 분이 그 당시 노원문인협회 회장으로 계시던 박성배 아동문학가이셨던 것이다. 그래 그분에게 시집 30여 권을 기증하고 나서야 그나마 문학단체인 노원문협을 다니며 문인들과의 교류가 시작된 것이다. 이제 내 나이 어느새 80대 중반으로 올라서고 있다. 얼마나 글을 더 쓸 수 있을지도 모르겠다. 그런 의미에서라도 그간의 나의 작품들을 실어준 문학지들에게 늦게나마 고마움을 표하고 아울러 문학지에 실린 내 작품들을 정리 간직 하려는 의미에서 내 수필집에 다음과 같이 게재하기로 한 것이다.

년도	문학지 이름	게재된 작품명
2006년	월간 한맥문학 7월호	아가꽃버선/골무봉/난초의 보은/숲 /통일의 그날은 언제 올 것인가
2007년	월간 한맥문학 8월호	연두색 치마저고리/막걸리서러움 /거래중단/추억의 밤나무 골 낚시터
2008년	월간 한맥문학 5월호	난초의 보은/새소리/모과차 이야기 /새벽배낭/강변 집 복사나무
2019년	월간 한맥문학 10월호	표주박/어머니가 그리운 참새들/양란 꽃
2011년	한맥문학가협회사화집 7호	제 차례/매실나무
2013년	한맥문학가협회사화집 8호	연꽃이 피면/지어준 이름값
2014년	한맥문학가협회사화집 9호	백일홍/꽃구경
2015년	한맥문학가협회사화집 10호	묵언수행/호사스런 카펫
2016년	한맥문학가협회사화집 11호	복사나무와 산딸기/아내와 나의 시골농장
2018년	한맥문학가협회사화집 12호	방황의 노래(1)/방황의노래(2)
2019년	한맥문학가협회사화집 13호	청둥오리 한 쌍/바위와 희로애락
2020년	한맥문학가협회사화집 14호	지구가 둥근 이유/수수밭 수수들
2006년	한맥문학동인사화집 7호	산비둘기/아버님과 담비
2007년	한맥문학동인사화집 8호	새소리/노래 띄운 그 강물
2008년	한맥문학동인사화집 9호	벚나무여/텃세 띄운 그 강물
2014년	한맥문학동인사화집 14호	도마연주/아버지 감나무
2016년	한맥문학동인사화집 16호	도시락/찔레열매의 질투
2019년	한맥문학동인사화집 19호	따스한 배려/내 마음과 같아요
2007년	종로문학 7호	뜸부기/표주박
2010년	노원문학 제2호	노인과 청설모/ 할아비와 해바라기 /아이와 농다치고개

2011년	노원문학 제3호	동행/애호박/철부지 장미야
2012년	노원문학 제4호	휘파람/달덩이호박/대보름달
2013년	노원문학 제5호	봄의 활기/할미와 손녀딸의 전화/지족知足
2014년	노원문학 제6호	손녀딸과 아리(1)/손녀딸과 아리(2)/손녀딸과 아리 (3)/원로문인 문종환시인 탐방
2016년	노원문학 제8호	푸른 콩(1)/푸른 콩(2)/푸른 콩(3)
2017년	노원문학 제9호	내일도 가야 하네/참 고마운 빗줄기 /도토리 떨어지는 소리
2018년	노원문학 제10호	아침의 노래/세월/화안한 웃음
2019년	노원문학 제11호	찔레 술/마리아석고상/목련꽃과 백내장
2020년	노원문학 제12호	이심전심(수필)
2021년	노원문학 만남이 행복이었어	테라스텃밭의 갓을 위한 노래(수필)
2006년	문화인식의 확장과 변형	관동대학 명예교수인 시인 엄창섭 문학박사는 그의 이 저서에서 〈정직성과 길 찾기의 시적매력-문종환의 시 정신을 중심으로〉라는 제목으로 나의 첫 시집 〈인생의 주름에 접혀진 꽃잎들〉에 대한 논평을 게재함
2006년	문학 공간 6월호	엄창섭 박사는 이 문학지에도 나의 첫 시집에 관한 서평을 게재함
2006년	이담문학 제17집	엄창섭 박사는 이 문학지에도 나의 첫 시집에 관한 서평을 개제함
2008년	이담문학-도반 제18호	아버님과 담비/어머님의 사랑 /연두색 치마저고리/새벽배낭/강변 집 낚시터
2014년	고글문학 창간 집	진달래
2006년	연천문학 제4집	고추무당/농막으로 가는 길(1)/표주박(3)
2012년	한국문인협회 서울지회 서울문단 창간호	달덩이 호박
2017년	한국문인협회 서울지회 서울문단 제6호	시에게 빼앗긴 마음
2018년	한국문인협회 서울지회 서울문단 제7호	까치야

2017년	한국을 빛낸 문인 〈도서출판 천우〉	아내의 맘 상하는 게 더 클 것 같아
		늦가을까지 걱정 미리 덜어주어
		소태처럼 쓰지만
2019년	월간문학세계 〈도서출판 천우〉 한국을 빛낸 문인	구슬꾸러미/ 심술궂은 막바지 봄바람 /도토리나무의 초대
2018년	월간문학세계 4월호	갑자기 세찬 회오리바람이
2016년	한국문인협회 한국시인 대표작	손녀딸과 가야금
2017년	한국문인협회 한국시인 사랑시	눈은 다정과 함께 오는가
2019년	한국문인협회 〈나의고향 나의 어머니〉	찔레꽃 어머니
2013년	국제펜클럽한국본부	형제우애
2015년		울엄마떡
2020년	수락산의노래 칠문회동인집	풀피리 외8편
2020년	계간문예무크지 상상탐구6호	자화상(1)/ 자화상(2)
2021년	계간문예무크지 상상탐구7호	고향노래(수필)
2018년	계간문예 봄호	게으른 개구리/ 여우비
2020년	계간문예 여름호	생일축하 꽃다발 두 묶음
		필통 속 낚시찌들과의 대화
2021년	계간문예 여름호	뿔테안경(수필)
2021년	다시올문학 봄호	아주 작은 것들의 소중함(수필)

총54권/124편

계간문예수필선 120

문종환 제3수필집
관조觀照는 지혜의 길

인쇄 2021년 9월 10일
발행 2021년 9월 15일

지은이 | 문종환
회 장 | 서정환
발행인 | 정종명
편집주간 | 차윤옥
펴낸곳 | 계간문예
편집부 03132 서울 종로구 삼일대로 30길 21 종로오피스텔 1209호
주 소 03132 서울 종로구 삼일대로 32길 36 운현신화타워 305호
전 화 02) 3675-5633, 070-8806-4052
팩 스 02) 766-4052
이메일 munin5633@naver.com
등 록 2005년 3월 9일 제300-2005-34호
인쇄 · 제본 신아출판사

ISBN 978-89-6554-133-2 04810
ISBN 979-89-6554-133-2(세트)

값 30,000원

이 도서의 국립중앙도서관 출판예정도서목록(CIP)은 서지정보유통지원시스템 홈페이지(http://seoji.nl.go.kr)와 국가자료공동목록시스템(http://www.nl.go.kr/kolisnet)에서 이용하실 수 있습니다.

Printed in KOREA